강력한 팀을 만드는
리더의
40가지 원칙

강력한 팀을 만드는 리더의 40가지 원칙

BEYOND BASKETBALL

코치 K(마이크 크루지제프스키), 제이미 스파톨라 지음
유지훈 옮김

뉴욕타임스
선정
베스트셀러

최강의 팀을 만들기 위해 당신이 체득해야 할 40가지 팀워크 전략

Courage | Passion | Enthusiasm | Excellence | Talent | Imagination | Poise | Pride | Will | Adversity | Crisis |
nagement | Pressure | Failure | Selflessness | Collective Responsibility | Integrity | Challenges | Balance | Belief | Care
ommitment | Dependability | Empathy | Respect | Trust | Communication | Family | Friendship | Love | Motivation |
ndards | Fundamentals | Adaptability | Work | Ownership | Guidance | Culture | Giving Back | Learning | Next Play |

산수야

탁월한 재능과 성품을 지닌 크리스 스파톨라 대위에게 이 책을 바칩니다.

- 마이크 크루지제프스키, 제이미 스파톨라

경험은 매우 소중하다. 이 책을 함께 쓰면서 딸 제이미와 소중한 시간을 보냈다. 우린 비행기 안에서, 농구장에서, 레스토랑에서 혹은 전화상으로 많은 이야기를 나눴다. 매 순간이 즐거웠다.

나는 어렸을 때부터 글쓰기를 좋아했던 제이미에게 재능이 있음을 알았다. 내 '인생 드라마'를 독자들과 나누기 위해 제이미의 재능을 빌렸고, 그 아이 덕분에 글쓰기가 한결 수월해졌다. 내가 자주 인용하는 말처럼 둘이 하나이듯 움직여야 하나보다 나은 법이다. 책을 함께 쓰면서 제이미와 나는 서로 힘을 합쳤다. 사랑하는 딸 제이미에게 고마움을 전한다.

차례

Part 1
성공을 리드하는 최상의 준비물, 마음가짐

Part 2
성공을 위해서라면 부딪쳐라!

Part 3
공존은 성공의 디딤돌이다!

Part 4
기억하라! 행동하라! 그리고 성공하라!

나는 말의 힘을 믿는다.

연습이나 실전경기를 앞두고 나는 라커룸에 있는 화이트보드에 한두 단어를 어김없이 적는다. 장황한 설교보다는 짤막한 단어가 더 깊은 인상을 심어 줄 거라 생각하기 때문이다. 선수들이 보드에 적힌 단어들을 보며, 이를 몸소 행하는 자신의 모습을 그려 보길 바란다. 예를 들어 열정을 품거나, 실력을 키우거나 혹은 선수다운 자세로 플레이하는 모습 말이다.

코트 위에서 팀의 목표를 잊을 경우, 선수들은 내가 제시한 단어를 떠올리면 된다. 그러면 다시 목표에 집중하게 되고, 동료선수들을 둘러보면서 그들 역시 목표를 잊지 않고 있다는 것을 마음에 새길 것이다. 함께 모여 있을 때 선수들이 그 단어를 되뇌거나, 타임아웃 때 내가 넌지시 일러 주기도 한다. 그 한마디에 우리는 '하나'가 되고, 공동의 목표에 좀 더 전념할 수 있다. 경기가 한창 진행 중일 때도 마찬가지다.

이 책을 읽는 독자들이여, 이렇게 자문해 보라.

"뇌는 특정 단어의 의미를 어떻게 파악할까?"

대부분이 단어가 상징하는 바와 발음, 어원 그리고 그것이 현대를 사는 우리에게 적용되는 뜻 등 사전적인 정의를 떠올릴 것이다. 좋은 사전을 갖고 있다면 문맥 속에서의 의미를 파악할 것이다. 문장과 단락, 연설, 혹은 작품 속에서 어휘를 활용하는 법을 배우고 싶다면 사전만 한 것이 없다.

그러나 여러분은 단지 어휘를 차용하고 있을 뿐이다.

『강력한 팀을 만드는 리더의 40가지 원칙』을 집필한 목적은 독자들이 단지 성공 키워드를 차용하거나 활용하는 것에 그치지 않고, 이를 자신의 것으로 만드는 데 있다.

키워드를 생활의 일부로 만들거나 팀원, 혹은 자녀들에게 가르치기 위해서는 단순히 정의를 암기하는 것으로는 부족하다. 충분히 연습하고 반복한다면 누구라도 다수의 정의를 '외울' 수 있겠지만, 인격의 한 부분을 차지할 수 있도록 '본능화' 하려면 단어에 대한 정확한 이해가 절실히 필요하다.

따라서 앞으로 제시할 어휘들의 정의를 설명함과 더불어 각 키워드가 활용된 내 경험을 소개하고자 한다.

나의 인생 스토리를 읽다 보면 키워드의 정의뿐만 아니라 그것의 진정한 의미가 명확해진 순간들을 짤막하게나마 이해할 수 있을 것이다. 나는 독자 스스로가 스토리의 주인공이 되어 각 키워드가 나와 가족의 인생, 혹은 팀 내에서 어떤 역할을 했는지 파악하기를 바란다.

나는 이 책을 통해 우리의 일화가 소개되는 것을 영광으로 생각한다.

이 책의 궁극적인 목표는, 독자 여러분이 자신만의 스토리를 갖고 과거를 조명하며 현재에 좀 더 집중함으로써 '성공 키워드'를 여러분의 인생 경험으로 만드는 것이다. 그러면 여러분 모두가 자신만의 성공 스토리를 쓸 수 있으리라 생각한다.

그렇게 되면 자녀나 팀원들이 '키워드'에 대해 물을 때 정의를 가르쳐 주는 대신에 인생 스토리를 이야기할 수 있을 것이다. 그럴 때 키워드는 사전이나 타인의 경험에서 빌려 쓴 것이 아니라 여러분만의 고유한 어휘가 된다.

내가 발견했던 '파워풀'한 키워드를 여러분의 인생에서도 찾아내기를 바라며, 그 말의 가치를 믿고 이를 여러분의 것으로 만들기를 진심으로 소망한다.

Part 1

성공을 리드하는
최상의 준비물,
마음가짐

용기

열정

의욕

실력

재능

상상력

평정심

자부심

의지력

용기
Courage

"용기는 다른 모든 자질을 보장해 주기 때문에 으뜸이다."

이것은 윈스턴 처칠 수상의 어록 중에서 내가 선수들에게 자주 인용하는 말이다. 이 말은 바꾸어 보면, 사람이 가질 수 있는 자질은 셀 수 없이 많으나 용기가 없다면 어떤 자질도 열매를 맺을 수 없다는 뜻이다.

따라서 최고가 되기 위한 자질을 끄집어내어 이를 테스트하고, 그것이 당신을 어디까지 발전시키는지 확인하려면 용기가 있어야 한다. 용기란 '생각한 바를 용감하게 시행한다' 는 뜻이다.

대부분의 사람들은 결과가 두려운 탓에 어떤 일은 시작할 엄두도 내지 못한다. 그러나 최선의 결과는 수월하게 할 수 있는 일을 시도할 때 이루어지는 것이 아니다. 용기가 있다면 결과가 어떻든 자신의 꿈을 과감하게 펼칠 수 있어야 한다.

경기 중에 선수들을 집합시키면 가끔 그들의 눈에서 두려움이 보일 때가 있다. 어떤 선수가 슛을 연속으로 실패했거나 상대편이 우리를 쉽게 제압해서 그럴지도 모른다. 나는 선수들이 두려움의 늪과 의심의 구렁텅이에서 빠져나올 수 있도록 도와주고 싶다. 리더로서 내가 할 일은 그들에게 용기를 주는 것이다. 그래야 팀이 진정으로 팀다워진다.

만약 한 팀원이 낙담했거나 겁이 난 상태라면, 그는 이를 벗어나기 위해 동료나 리더에게 의지할 것이다. 나는 그가 내 얼굴을 볼 때마다 '함께 힘을 합쳐서 머릿속에 있는 비전과 연습 때 준비했던 것을 현실로 만들어 버리자. 또한 목표를 위해서라면 무엇이든 할 수 있다는 용기를 갖자!' 라는 메시지를 읽기 바란다. 나는 팀원들 개개인과 집단이 두려움을 극복하도록 도와주고 싶다. 그렇게 해서 함께 두려움을 이겨내면 우리 팀은 다음 단계로 나아갈 수 있다. 그러면 우리는 기회를 맞이하게 된다.

기억하건대, 육군사관학교에 입학하여 농구 팀에 소속될 기회를 얻었을 때만큼 혼란스러웠던 적이 없었던 것 같다. 사실 애당초 육사에 입학할 생각은 없었다. 그래서 그 제안에 두려움과 의심이 밀려왔다. 그때 내게 지원을 아끼지 않으셨던 부모님이 용기를 주셨다. 특히 아버지는 말씀이 별로 없는 분이었는데도, 단지 두렵다는 이유만으로 넝쿨째 굴러들어 온 호박을 거절하는 아들에게 목소리를 높이셨다.

부모님의 설득 덕분에 내 마음속에는 용기가 일었고, 결국 올바른 결정을 내릴 수 있었다. 그리고 사관학교를 졸업할 즈음에는 어른다운 어른이 되어서 돌아왔다. 이 경험을 통해 '용기'라는 말에는 다른 사람이 용기를 가질 수 있도록 돕는다는 뜻도 있음을 깨달았다.

> **선뜻 마음이 내키지 않을 때는
> 용기를 갖게 해주는 사람들을 사귀도록 하라.**

지금까지 내가 지도한 선수 중에 가장 용기 있는 사람은 바비 헐리(Bobby Hurley)였다. 의심이 목을 조여올 때도 바비의 눈에서는 자신감을 발견할 수 있었다. 나는 그가 본능에 충실할 수 있도록 자유를 주어야겠다고 생각했다.

1991년 라스베이거스 네바다대학과의 NCAA 준결승 경기 전 우리는 '이길 수 없다'는 혹평을 받았다. 네바다는 45경기를 연속으로 완파했고, 그 지난해에는 최종스코어 103 대 73으로 우리를 꺾으며 내셔널 챔피언십의 우승을 거머쥐기도 했기 때문이다.

그러나 우리는 전과 달리 끈질기게 싸웠고, 역전에 역전을 거듭한 탓에 경기는 열광의 도가니가 되었다. 양 팀의 스코어가 한 골 차로 갈리기를 여러 번이었다.

종료까지 2분 30초를 남기고 네바다는 5점 차로 우리를 앞섰고, 그 여세를 끝까지 몰아갈 듯했다. 그러나 바비가 볼을 잡았을 때 나는 네바다가 일대일 방어에서 '매치업 존'으로 전략을 수정했음을 눈치챘다.

내가 재빨리 바비에게 수정된 방어에 맞상대할 수 있는 전략을 말하려던 찰나에 바비가 3점 슛을 터뜨렸다. 바비에게 필요했던 건 내 지시가 아니라 본능을 따를 수 있는 용기였던 것이다. 결국 그 여세를 몰아 막판에는 듀크대가 승리의 고지를 점령했다.

당시 바비의 3점 슛은 듀크대 역사상 최고의 슛으로 손꼽히고 있다. 네바다와의 준결승을 치른 후 72 대 65로 캔자스까지 꺾으면서 우리는 최초로 내셔널 챔피언십 우승을 차지했다.

많은 사람들은 막판에 던진 슛에 경기의 승부가 결정된다고 생각한다. 그러나 항상 그렇지만은 않다. 네바다와의 경기에서 바비가 용기를 내어 던진 슛을 보면 내 말에 수긍할 것이다.

우리는 그 다음 해에도 NCAA 준결승에 진출했고, 이번에는 인디애나와 접전을 벌였다. 홈팀이었던 인디애나는 전반전에서 놀라운 기량을 선보였고, 모두가 그들이 우리의 코를 납작하게 만들 거라고 예상했다. 그러나 바비가 3점 슛을 네 번이나 터뜨리며 인디애나를 바짝 추격했다. 우리 팀은 후반전에서 역량을 최대한 발휘하여 승리를 쟁취했고, 결승전에서 미시건을 꺾으면서 연속 두 번으로 내셔널 챔피언십 우승을 차지하는 기염을 토했다. 만약 바비의 용기가 없었다면 이 두 차례의 우승은 불가능했을 것이다.

생각했던 바를 몸소 실행하는 능력이 바로 용기다. 누구나 멋진 꿈은 가질 수 있다. 그러나 그것을 실현하기 위해 한 걸음이라도 내디디려면 용기가 있어야 하며, 이를 발휘해야 할 때는 반드시 온다. 끝으로 존 F. 케네디 대통령이 남긴 말을 생각해 보자.

" 용기란 모두에게 열려 있는 기회다. "

열정
Passion

나는 청중들에게 직업이 없어서 행복하다는 말을 종종 한다. 몇몇 사람들이 이해할 수 없다는 표정으로 웃으면, 내가 하고 싶은 일을 하기 때문에 '직업'이라고 생각한 적이 없다고 해명한다. 나는 지금까지 매 순간 열정과 애착을 갖고 일해 왔다.

열정은 극한의 감정을 일컫는다. '열정적'인 사람은 시야를 종착지까지 둘 수 있기 때문에 눈앞의 장애물에 주의가 흐트러지지 않는다. 지금 추구하고 있는 일에 만족하기 때문에 주변의 반대나 걸림돌도 그의 앞길을 막을 수 없다.

23

> ❝ 열정을 가지고 있다면
> 당신을 막을 자는 아무도 없다! ❞

누군가를 이끌 때, 특히 자녀를 양육할 때의 중점은 '그의 관심이 어디에 있는가?'를 파악하는 것이다. 나는 될 수 있는 한 아이들이 많은 경험을 쌓을 수 있도록 도우라고 조언하고 싶다. 예를 들어, 과학이나 역사, 스포츠, 음악, 미술 그리고 글쓰기 등 말이다. 그리고 다양한 분야의 일들을 시도하게 하면서 아이들의 눈이 트일 수 있도록 도와야 한다.

내 딸 린디가 연극 공연에 처음으로 참여한 뒤, 그 아이의 눈에서는 연극에 대한 열정이 느껴졌다. 마치 내가 고등학생이었던 스티브 보에치에코브스키(Steve Wojciechowski)의 경기를 지켜보며 그에게서 리더십의 열정을 느꼈던 것처럼 말이다. 이처럼 상대방의 열정을 발견하는 것은 대단히 중요하다.

시카고의 공터에서 친구들을 모아 팀을 조직했을 때부터 육군에 복무하며 농구선수와 감독으로 지내기까지, 그리고 세계의 엘리트 선수들만 모인다는 국가대표 팀의 감독으로 활약할 기회를 잡기까지, 나는 교육과 코치 일에 지대한 관심이 있었다. 이 모든 일을 소화해 낼 수 있게 한 원동력 중 하나는 열정을 혼자만 간직하지 않았다는 점이다.

나는 어릴 적부터 하고 싶은 일이 있다면 부모님께 서슴없이 말했고, 그분들은 그런 나를 이해할 수 없을 때도 나의 결정에 따라 주셨다. 결혼 후에도 목표가 생길 때마다 둘도 없는 인생의 반려자인 아내 미키와 공유했다.

사랑하는 사람들과 열정을 공유한다면 혹시 부딪힐지 모를 걸림돌을 만났을 때 그들이 이를 극복할 수 있도록 도와줄 것이다. 이와 마찬가지로, 특히 배우자나 자녀들처럼 당신이 사랑하는 사람들의 열정에 호응해 주는 것 역시 중요하다.

팀을 조직할 때도 자신의 열정을 팀에 일방적으로 쏟아부어서는 안 된다. 당신의 열정에 호응하는 사람들을 발견하는 것이 중요하다는 얘기다. 그래서 내 주변에는 의욕이 충만한 부코치들이 자리 잡고 있다. 밤을 꼬박 새워 비디오테이프를 분석하거나 스카우트 리포트를 내놓을 때, 부코치들과 나는 공동의 목표를 향한 열정, 그리고 거기에 숨겨진 서로의 영감과 힘을 발견한다. 이처럼 열정적인 사람들이 주변에 포진해 있으면 당신 자신에게도 동기가 부여되고 의욕이 솟는다.

타인을 움직이는 힘

딕 비탈(Dick Vitale)이 출연하는 방송을 본 사람이라면 그가 농구에 애착을 갖고 있다는 데 이견이 없을 것이다. 나는 그가 세튼홀대학에서 경영학을 전공한 후 부코치의 길을 걸었다는 사실에 놀라움을 감추지 못했다. 그에게 회계 업무는 적성에 맞을지는 모르나 열정을 쏟을 수 있는 분야는 아니었던 것이다.

처음에 그는 이곳저곳에서 퇴짜를 맞은 탓에 코치로서의 경력을 쌓는 데 많은 어려움에 부딪혔다. 그러나 마음의 소리에 귀를 기울인 그는 어느 초등학교의 감독이 되었다. 식을 줄 모르는 열정 덕분에 그는 고등학교 농구부 감독을 거쳐 대학교, 그리고 심지어 NBA까지 진출했고, 결국 ESPN(스포츠 전문 채널)의 방송인이 되었다.

딕은 방송인으로서의 성공 비결이 자신이 방송인이라는 생각을 버린 데 있다고 시사했다. 즉, 선수와 감독으로서 경기에 접근했고, 텔레비전 방송에서 자신과 토론을 벌이는 사람들과 공감할 부분이 있었던 것이다. 전염성이 강한 열정이 있었기에 그는 방송 분야에서도 성공할 수 있었다.

내 친구인 짐 벌바노(Jim Valvano) 역시 타의 추종을 불허하는 열정을 가진 사람이다. 대학 농구 팬이라면 1983년 내셔널 챔피언십 경기 중 노스캐롤라이나와의 접전에서 승리를 거둔 후 짐이 관중석을 향해 두 팔을 내밀고 코트 위를 달렸던 모습을 기억할 것이다.

짐이 남긴 유산은 농구에 국한되지 않았다. 1992년에 더 이상 치료할 수 없을 정도로 암이 전이됐다는 사실을 안 그는, 암을 정복하기 위해 범국민 운동을 시작했다. 살 가망이 없다는 것을 알았지만 그 사실 때문에 그의 의지가 꺾인 적은 없었다. 살아생전에 승리감을 맛볼 수 없다는 것을 알았음에도 암은 그의 열정을 이길 수 없었다. 그는 나와 딕 비탈을 포함한 친한 친구들의 도움으로 '지미 벌바노 재단 암 연구소'를 설립함으로써, 그들과 더불어 자신의 열정을 실행에 옮겼다. 오늘날까지 지미 재단은 5,000만 달러를 모금했고 관계 기관에 전액을 기부했다. 그리고 현재, 짐이 스타트를 끊은 재단은 열정을 아끼지 않는 과학자나 의사 그리고 기부자들과 재단 위원회가 책임지고 있다.

열정의 일면을 다시 보고 싶을 때 나는 비디오테이프를 꺼내 1993년 ESPY 아워드에서 연설했던 짐을 본다. 그는 귀감이 되는 말로 마지막을 장식했다.

"포기하지 마십시오. 절대 포기하면 안 됩니다."

진정한 열정이 타인을 움직인다는 사실을 떠올리면 전율이 느껴진다.

의욕
Enthusiasm

의욕이란 어떤 일에 대해 갖는 커다란 관심이나 흥미를 말한다. 의욕이 있다면 주변 사람들에게 '촉매제' 역할을 할 수 있다. 즉, 자신의 일에 대한 사랑과 감정이 타인에게까지 전달된다는 얘기다.

감독이라면 으레 선수들을 일방적으로 가르치고, 조언하며, 용기를 '주는' 사람으로 생각하기 쉽다. 그러나 크리스 콜린스(Chris Collins)처럼 투혼을 발휘했던 선수들의 눈을 지그시 바라볼 때, 나는 말로 형용할 수 없는 인상을 '받기도' 한다.

크리스는 1996년에 팀의 주장이었고 지금은 부코치로 활약하고 있다. 선수 시절, 그의 얼굴에 쓰인 '의욕'을 보았을 때 나도 덩달아 힘이 솟구치곤 했다. 그를 선수와 부코치로 기용할 수 있었던 것은 행운이었다. 그가 지금까지도 현역선수들과 농구에 대한 열정을 공유하고 있기 때문이다.

크리스는 의욕의 화신이었다. 그 덕분에 관중들은 경기에 몰입할 수 있었다. 그는 코트를 손바닥으로 치며 흥분을 감추지 못한 적도 많았다. 농구가 마냥 좋았던 것이다. 나는 크리스의 현란한 개인기보다는 그가 팀원들과 호흡을 맞추는 것이 더 마음에 들었다. 그는 동료가 자신이 연출한 경기보다 더 멋진 경기를 만들어 냈을 때 훨씬 더 열광했다.

그는 시련도 많이 겪었다. 1994년 시즌에는 28승 6패를 기록하다가 그 이듬해엔 13승 18패를 기록했다. 1995년에는 건강상의 이유로 시즌의 대부분에 내가 참여할 수 없었던 탓에 듀크대의 미래가 불투명하다는 우려가 확산되기도 했다. 의욕을 갖기에는 매우 힘겨운 상황이었다.

1996년에 내가 복귀했을 때 크리스는 4학년이 되었고, 우리는 역량 있는 젊은 선수들로 팀을 조직했다. 물론 실력은 다른 때와 별 차이가 없었다. 그해 1월부터 우리는 컨퍼런스 순회 경기차 노스캐롤라이나 주로 떠났다. 지난번 애틀랜틱 코스트 컨퍼런스에서 4연패를 한 탓에 공식 전적은 0승 4패였다. 그리고 전년도 ACC 순위도 최하위였기 때문에 많은 사람들은 이번에도 큰 변화가 없을 거라고 관측했다.

시즌과 농구 프로그램의 향방이 이 경기에 달려 있었다. 이기면 팀의 분위기가 살아나고, 지면 사기가 더욱 꺾일 상황이었다.

열띤 경합을 벌이던 중, 크리스의 그칠 줄 모르는 열정은 팀원들의 사기를 진작시키는 데 중추적인 역할을 했다. 노스캐롤라이나는 1분 30초를 남겨두고 68 대 63으로 앞서고 있었다. 제프 케이플(Jeff Capel)이 바스켓을 향해 볼을 힘껏 던졌으나 곧 저지당하고 말았다.

하프코트 근방에서 볼이 아웃되려는 순간, 크리스는 끝까지 볼을 추격하며 스코어러 테이블에 몸을 날려 리키 프라이스(Ricky Price)에게 패스했다. 크리스는 여기서 멈추지 않았다. 즉시 달려가 리키에게서 볼을 받아 3점 슛을 터뜨리면서 노스캐롤라이나와의 점수 차를 좁혔다.

시간이 얼마 남지 않은 상황, 우리는 파울볼로 상대 팀에 자유투를 내주는 작전을 쓰기로 했다. 자유투 2개가 들어간 뒤 제프는 오펜시브 엔드(공격 팀의 프런트 코트에서 발생한 플레이. 득점할 기회를 얻을 수 있다)에서 재빨리 득점에 성공함으로써 점수 차를 다시 2포인트로 좁혔다. 종료까지 남은 시간 16초, 다시 반칙이 선언되었다. 그런데 원 앤 원 자유투의 첫 슛이 실패로 끝났다.

마지막 공격권을 쥐고 있던 크리스는 드리블을 하며 코트를 달렸다. 리키에게 패스하도록 유도했으나 볼은 크리스의 손을 벗어나지 않고 있었다. 그의 '슛' 본능이 살아났던 것이다. 남은 시간은 6초, 그는 3점 슛을 날리고 말았다. 바스켓의 가장자리에 맞은 볼이 그대로 그물망을 통과했다. 최종스코어 71 대 70으로 경기는 듀크대의 승리로 끝났다.

시즌 통산 18승 13패, 컨퍼런스 경기 전적이 8승 8패를 기록할 때까지 크리스는 주장으로서 최선을 다했다. 노스캐롤라이나와의 경기는 크리스를 포함한 팀원 전체가 재도약하는 계기가 되었다.

시즌의 마지막 달, 크리스는 감정 표현이 능숙한 리더이자 평균 27득점의 베스트 플레이어였다. 전염성이 강한 그의 의욕

덕분에 우리는 꿈도 꾸지 못했던 NCAA 토너먼트에도 진출할
수 있었다. 그 이듬해부터 우리는 5개 시즌 연속으로 컨퍼런스
정규시즌에서 우승하는 쾌거를 일궈 냈다.

크리스의 사그라들지 않는 투혼이 듀크대를 본궤도에 올려
놓았다. 힘든 시기를 겪었음에도 식을 줄 모르는 그의 열정은
듀크대가 제자리를 찾는 데 일익을 담당했다.

1년에 30경기씩 이기고 결승까지 간다면 팀의 일원이라는
사실만으로도 가슴이 벅차오를 것이다. 그러나 경기에서 지거
나 팬들과 언론으로부터 질타를 받을 때, 혹은 일이 잘 풀리지
않는다고 느껴질 때는 그렇게 되기가 굉장히 어렵다. 그런 점에
서 크리스의 의욕은 타의 귀감이 될 만했다.

❝시련이 찾아올 때도 늘 한결같아야 한다.❞

나는 종종 크리스를 '다리'에 빗대서 말한다. 그는 어려웠던 시즌을 극복하고 1994년, 4강에 진출하는 데 결정적인 역할을 했으며 듀크대의 성공적인 미래에 지대한 공헌을 했다. 2000년, 그가 부코치로 듀크대에 복귀했을 때 우리는 내셔널 챔피언십 우승을 또 한 차례 거머쥐었다. 우승의 기쁨을 크리스와 함께 나눌 수 있어 행복했다.

"듀크대를 떠날 때 '농구를 정말 좋아했던 선수'였다는 평을 듣는 게 소원이었어요."

크리스 부코치가 말했다. 듀크대의 팬들 역시 그의 의욕은 잊지 못할 것이다.

실력
Excellence

나는 아이들에게 사인을 해줄 때 '항상 최선을 다하라'고 써 준다. 이 말을 항상 기억하기를 바라기 때문이다.

실력은 사람에 따라 각기 다른 잣대로 재야 한다. 시즌의 절 반만 잘해도 이를 성공으로 간주하는 팀이 있는가 하면, 내셔널 챔피언십 우승 정도는 해야 성공했다고 보는 팀도 있다.

여러분 나름대로 성공과 실패를 규정해 보라. 그러면 여러분 이 모든 열정을 쏟아붓고 있는지 아닌지를 알게 될 것이다. 경 기 스코어보다는 실력을 끈질기게 추구하는 태도가 승리자를 결정한다.

탁월한 실력을 갖추려면 자기 본연의 모습으로 돌아가야 한다. 그리고 나서 최선을 다하라.

"매일 최선을 다한다면
실력은 자연히 향상될 것이다."

열정을 모두 쏟아부으면 그만이다. 매우 간단한 문제다.

또한 탁월한 실력과 완벽 사이에는 분명한 차이가 있음을 기억해야 한다. 어느 젊은이에게 탁월한 실력을 갖추라고 말한다면 '예? 꼭 완벽한 사람이 돼야 하나요? 그렇게는 못하죠.' 라고 생각할지도 모른다. 그러나 그것을 최선을 다하라는 말로 바꾼다면 누구나 다 할 수 있다고 말할 것이다.

팀의 입장에서 생각해 볼 때, 각 팀원은 특정 분야의 실력이 그리 출중하지 못할 때가 많다. 그런데 '실력파'를 보면 자기는 훌륭하지 않다며 스스로를 비하할 때가 가끔 있다. 그러나 이는 큰 잘못이다. 출중한 실력은 누구나 갖출 수가 있는데, 단지 때와 상황에 따라 재능이 남들과 다르게 향상된 것일 뿐이다. 이는 매년 농구 팀에 나타나는 현상이다.

내가 선수들에게 귀에 못이 박히도록 하는 말이 있다.

"개인별로 달려야 할 때가 있고 팀 전체가 달려야 할 때가 있다."

1998년, 엘튼 브랜드(Elton Brand)와 셰인 베티어(Shane Battier)는 모두 1학년이자 주전선수였다. 그런데 엘튼은 1학년 때 스타급 선수 중 하나가 되었고, 그 이듬해에는 '올해의 선수'로 선정되었다. 반면 셰인은 훌륭한 경기력을 선보였으나, 엘튼의 수준에는 미치지 못했다. 2학년 때 그는 주전이자 '올해의 수비수'로 등극했다.

셰인은 당시 평균 9득점에 그치고 말았는데, 평균 17득점인 엘튼과는 비교가 되지 않았다. 그러나 그는 자신의 공로를 항상 높이 평가했고, 남을 질투할 줄 몰랐다. 또한 엘튼과의 비교의식도 없었기 때문에 좌절할 일도 없었다.

엘튼은 3학년이 되기 전에 학교를 떠났고, NBA 드래프트에서 1순위로 뽑혔다. 그리고 셰인은 팀을 끝까지 지키면서 '올컨퍼런스 플레이어'가 되었고, 4학년 때는 엘튼처럼 '올해의 선수'로 등극했다. 속도는 달랐으나 이 둘은 '탁월한 실력'이라는 동일한 결과에 도달한 것이다.

실력을 추구하는 또 다른 방법은 눈높이가 높은 선수들 사이에 끼는 것이다. 자신은 최고가 아니더라도 주변에 고수가 있다면 그는 당신의 수준을 한층 업그레이드시켜 줄 것이다.

나는 밥 나이트(Bob Knight) 감독에게서 '실력'을 배웠다. 3년 동안 육군사관학교에서 포인트가드로 활약했을 때, 실력을 추구한다는 것이 무슨 뜻인지 알게 되었다. 밥 감독은 매일 우리에게 '실력'을 요구했고, 나는 이를 통해 엄청난 교훈을 얻었다. 감독은 최고의 리더였다.

육사를 졸업하고 육군에서 5년간의 복무 기간을 마친 후, 나는 밥 감독이 이끄는 인디애나대학에 스태프로 합류했다. 이를 계기로 감독과 나는 또 한번 뭉쳤고, 조교로 일하는 동안 명예의 전당에 입성했던 헨리 이바(Henry Iba)와 피트 뉴웰(Pete Newell) 같은 전설적인 감독들도 여럿 만날 수 있었다.

그들은 내가 밥 감독에게서 가르침을 받을 수 있는 절호의 기회를 얻었다며, 결코 잊을 수 없는 조언을 해주었다. 즉, 감독에게서 모든 것을 배우라고 주문했던 것이다. 그의 철학이나 이론 그리고 경기에 대한 천부적인 재능과 동기부여 기술까지도 말이다.

하지만 밥 감독이 되려고 애쓰지 말고 그에게서 배운 모든 것을 현역 감독이자 리더인 나 자신에게 적용하라고 일러 주었다. 본연의 모습을 찾으라는 뜻이었다.

누군가에게 마이클 조던이나 그랜트 힐, 어니스트 헤밍웨이, 혹은 앨버트 아인슈타인이 되라고 하면 부담이 이만저만이 아닐 것이다. 그것은 불가능한 얘기다. 따라서 우리의 목표는 영웅이 되기보다는 그에게서 무언가를 배우고, 우리 나름대로 최선을 다하는 것이 되어야 한다. 이것이야말로 '실력'이 아닌가 싶다.

재능
Talent

재능은 선천적인 능력이다. 재능은 중요한 것이지만 그렇다고 그것이 전부는 아니다.

재능의 수준이 다양한 사람들을 한데 묶어놓은 것이 바로 '팀'이다. 따라서 팀의 맥락 속에서 재능을 이야기한다면 개인 및 팀의 재능을 모두 포괄해야 할 것이다. 당신과 팀의 재능이 많을수록 실수의 여지 또한 늘어난다.

나는 종종 재능을, 목적지에 도달하기 위해 '고속도로' 혹은 '골목길'을 탔을 때 벌어지는 차이에 빗대어 이야기한다. 이때

골목길로 달리는 사람들은 재능이 부족한 이들을 가리킨다. 다시 말해서, 재능이 출중하다면 도로는 더욱 넓고 달리기도 쉬울 것이다. 그들은 길만 잃지 않는다면 목적지에 빨리 도착할 수 있다.

그러나 재능이 부족하다고 해서 목적지에 갈 수 없는 것은 아니다. 물론 장애물이 더 많을 수는 있다. 길도 그다지 넓지는 않을 것이다. 창의적인 사고력을 발휘하려면 시간과 노력이 더 필요할지도 모른다.

하지만 재능을 반드시 개발해야 한다는 사실만큼은 꼭 명심하기 바란다. 재능이 있다는 것은 원자재를 보유하고 있다는 것과 같다. 열심히 배우고 노력하여 이를 갈고닦지 않는다면 원자재는 아무것도 되지 못할 것이다. 그러나 재능을 개발한다면 당신의 능력은 한층 단단해질 것이다.

재능 그대로를 활용한다면 그럭저럭 지내는 것만으로 만족하기 때문에 더욱 약골이 될 수밖에 없다. 재능을 개발하지 않으면 영영 잃어버릴지도 모른다. 그러면 목적지까지의 여정은 도루묵이 되고 말 것이다.

재능을 개발하는 데 있어 '성숙'은 매우 중요한 요인이다.

또한 '교육'은 성숙한 어른이 되는 데 중요한 부분을 차지한다. 여기서 말하는 교육이란, 교실과 코트 그리고 인생의 교육을 모두 포괄한다.

재능을 개발하기에는 학교만큼 좋은 곳이 없다. 학교에서 개개인은 인생의 전 분야를 배우고 매번 시험을 치른다. 만약 당신이 듀크대학이 자랑하는 최고의 실력자들 틈에 껴 있다면, 당신도 그들의 대열에 합류하고 싶어 견딜 수가 없을 것이다. 그런 의미에서 학교는 놀라운 배움의 전당이다.

크리스 캐러웰(Chris Carrawell)은 재능을 개발한 대표적인 선수였다. 세인트루이스 시내에 살다가 듀크대에 입학한 그는 총명하고 세상 물정에도 밝았다. 농구에는 소질이 없었지만 경기의 흐름을 꿰뚫는가 하면, 긍정적인 결과를 얻기 위해 팀워크를 열심히 배우기도 했다. 재능은 없었지만 스타급 선수들과 호흡을 맞추려고 노력했다. 그의 기량은 거듭 발전했고, 결국 그는 4학년 때 '올해의 ACC 플레이어'로 등극했다. 그는 목적지에 도착하기 위해 '골목길'을 지혜롭고 독창적으로 달렸던 것이다. 다른 선수들은 '고속도로'를 탔어도 도달하지 못했을 것이다.

농구를 하다 보면 실력이 훨씬 떨어지는 상대방과 맞붙는 경우가 가끔 있다. 예컨대 NCAA 토너먼트 첫 경기에서 최고의 대학 팀과 경합을 벌이게 되는 팀은 약체 팀들이다. 이때 우리 팀의 목표는 단순한 승리가 아니라 상대 팀을 압도적으로 능가하는 경기력을 보여 주는 것이다.

그러나 듀크대가 압도적인 점수 차로 이겼을 때에도 내가 선수들의 퍼포먼스에 실망하거나 화를 내면 사람들은 나를 이상하게 생각한다. 나는 순전히 재능 덕으로 이겼기 때문에 실망했던 것이다. 계속 그런 식이라면 팀의 발전은 기대할 수 없다.

타성에 젖은 채 재능으로 그럭저럭 경기를 풀어나가는 것은 용납할 수 없다. 재능에만 의존한다면 결국 우리보다 월등한 팀이 등장할 것이 자명하기 때문이다. 그래서 우리는 계속 발전하기 위해 노력한다. 그러면 개인과 팀의 재능은 결코 소멸되지 않는다.

만약 동일한 재능을 갖춘 두 팀이 서로 경합을 벌인다면 좀 더 열심히 팀워크를 발휘하는 팀이 이길 공산이 크다. 상대 팀의 재능을 두려워해서는 안 된다. 끈질긴 노력과 끈끈한 유대감이 있다면 아무리 막강한 팀이라도 능히 꺾을 수 있기 때문이다. 또한 챔피언십 우승 팀이라고 해서 팀원 개개인의 재능이 출중한 것은 아니다. 다시 말해서 3명의 주연뿐만 아니라 조연들이 받쳐줄 때 비로소 명화가 탄생한다.

듀크대는 재능 있는 선수들을 보완할 수 있는 '롤 플레이어'를 두고 있다. 성공 기여도는 승패에 관계없이 득점수보다는 팀의 단결력에 따라 달라진다. 크리스와 같이 시간이 흐르면서 성숙해지는 조연들이 명실상부한 스타급 선수로 발전하는 것이다.

재능은 천부적이고도 놀라운 능력이다. 그런데 재능을 개발할 수 있는 능력 그 자체도 바로 재능이다. 목적지를 향해 달릴 땐 고속도로와 골목길 중 어느 길을 택하느냐는 중요하지 않다. 자신의 재능을 효과적으로 개발하는 자가 목적지에 도달하는 사람이다.

> 재능은 하늘의 축복이며
> 이를 개발할 책임은 우리에게 있다.

상상력
Imagination

상상력은 누구에게나 있다. 그러나 요즘 젊은이들은 이 재능을 발휘하지 못할 때가 많다. 비디오게임이나 최신 전자기기, 엠피쓰리 플레이어가 판치는 세상에서 젊은이들은 타인의 상상력을 만끽할 뿐이다.

어렸을 때, 시카고의 어느 학교 운동장에서 혼자 농구를 즐겼던 추억이 떠오른다.

점프 숏을 하고 골대로 달려가서는 레이업 숏을 쏘는가 하면, 자유투를 넣기도 했다. 나 자신이 플레이하는 모습을 머릿속으로 떠올리고 실황을 중계하면서 말이다.

"70 대 78로 좁혀졌습니다. 종료까지 6초, 드리블하는 믹 선수! 크로스오버를 시도합니다. 3…… 2…… 1……!"

마지막 슛을 던졌다. 마치 실전경기를 치르는 듯했고, 이 경기가 공중파 방송으로 중계되고 있다는 생각이 들 정도였다. 영웅이 되는 순간이었다.

마지막 슛에 네트가 출렁이고 최종 부저가 울리면서 승리를 마음껏 만끽했다. 만일 슛이 실패하면 파울을 만들어 내서라도 게임을 진행시켰고 시간의 구애를 받지 않은 채 자유투 라인에 섰다.

그런데 어렸을 적에 머릿속에 있는 시나리오를 재현할 때마다 항상 변치 않는 사실이 있었다. 그것은 항상 이긴다는 상상만 했다는 것이다.

상상력에 따라 종착지가 달라진다. 꿈을 꿀 때 꿈속의 모습을 상상한다면 이를 실현하고픈 충동을 느끼게 될 것이다. 그러면 꿈속에서 느꼈던 감정을 가슴에 담고 꿈을 실현하기 위한 여정이 시작된다.

나는 지금까지 걱정과 불안이 가중되는 '막판 상황'을 수도 없이 겪어 왔다. 그러나 어렸을 때 그런 상황에 놓였던 내 자신을 생각하곤 했기 때문에 그러한 막판 상황은 전혀 낯설지가 않았다. 이처럼 생각의 힘은 무시할 수 없는 것이다. 또한 긍정적인 상황을 마음에 그린다면 그것이 실현되리라는 믿음 역시 확고해질 것이다.

2006년 초, 나의 형제들은 노스캐롤라이나 더헴의 중심가에 저소득층 자녀를 위한 커뮤니티 센터를 열었다. 이에 자부심을 느낀 나는 돌아가신 어머니를 기리기 위해 그분의 성함을 따서 센터의 이름을 짓기로 했다. 어머니의 노고와 헌신이 있었기에 우리 형제가 상상력을 키울 수 있었다고 해도 과언이 아니기 때문이다.

그렇게 생긴 에밀리 크루지제프스키 센터의 모토는 '꿈꾸라, 도전하라, 성취하라' 다. 다시 말해서 센터의 프로그램은 젊은 이들이 더 나은 미래를 꿈꾸고 기본기를 다질 수 있는 기회를 제공할 뿐만 아니라, 인성과 역량 그리고 자긍심을 발전시킴으로써 궁극적으로 목표를 성취하게 하는 데 목적이 있다.

어릴 적 꿈은 미래의 성공을 위한 준비 단계다.

감독이 선수에게, 교육자가 학생에게 그리고 부모가 자녀에

게 줄 수 있는 최대의 선물은 상상력을 발휘할 수 있는 기회를
주는 것이다.

“성취를 향한 진로의 근본 바탕은
바로 상상력이며 꿈이다. ”

낯선 상황을 돌파하라!

내셔널 챔피언십 결승에서 코네티컷대학에 패배했던 1999년 시즌, 선수들 중 일부는 NBA로 진출하거나 학교를 옮기기 위해 조기졸업을 결정했다. 셰인 베티어는 두 시즌을 뛰기 위해 복귀할 생각이었다. 그는 팀의 주전선수이자 핵심 멤버였음에도 평균 8득점에 그치는 바람에 주전선수로서의 기대에 미치지 못하고 말았다.

다음 시즌에서 좋은 성적을 거두기 위해서는 셰인이 자신의 역량을 십분 발휘해서 우리의 기대에 부응해야 했다. 그런데 안타깝게도 정작 셰인은 스스로를 '스타 플레이어'라고 생각하지 않았다. 지나치게 겸손했기 때문에 그런 생각을 한 적이 없었던 것이다. 그래서 나는 1999년 시즌이 끝난 후 오프시즌 동안, 셰인 자신이 바로 '주인공'이 된 모습을 상상해 보라고 주문했다.

그해 여름, 나는 전화를 했다.

"셰인, 면도를 하면서 내년 시즌에서 '올해의 선수'가 된 모습을 상상해 봤어?"

킥킥대고 웃으며 그가 대답했다.

"감독님, 또 왜 그러세요……."

철컥.

나는 전화를 끊어 버렸다.

다음 날, 다시 전화를 해서 물었다.

"오늘 아침에 훈련을 하러 가면서 버지니아와의 경기에서 30득점을 따낸 네 모습을 상상해 봤어?"

셰인은 이번에도 조심스레 웃음을 참으며 대답했다.

다시 전화를 끊었다. 몇 초 후에 셰인이 전화를 했다.

"감독님, 왜 자꾸 그냥 끊으시는 거예요?"

"네가 자신에게 신경을 썼다면 나는 끊지 않았을 거야. 네가 성공한 모습을 상상해 보라고 했잖아?"

상상력이 필요한 까닭은, 어떤 상황에 실제로 부딪혔을 때 상상력을 발휘한다면 이미 겪었던 것처럼 그 상황이 낯설지가 않기 때문이다.

다음 시즌, 셰인은 평균 18득점을 획득하고 6리바운드를 성공시킴으로써 최초의 올애틀랜틱 코스트 컨퍼런스 팀이 되었다. 1년이 지나 4학년이 되었을 때 그는 '올해의 선수'와 '올해의 수비수'로 선정되었다.

그에게는 훌륭한 리더가 되기 위한 도구가 있었고, 그 덕분에 놀라운 재능과 사고력을 발휘할 수 있었다. 물론 상상력이 없었다면 그는 자신의 잠재력을 최대한 발휘할 수 없었을 것이다. 결과적으로 나와 팀원은 셰인 베티어의 꿈이 실현되는 동안 그의 역량에 편승할 수 있었다.

평정심
Poise

평정심이란 어떤 환경에서도 침착성을 잃지 않는 자세를 일 컫는다.

성숙하지 않으면 평정심은 기대할 수 없다. 어떤 일이 벌어 지더라도 정신·감정적인 균형을 유지하는 것이 바로 평정심이 기 때문이다.

경쟁 상황에서 평정심을 발휘할 수 있다면 상대방에게 재능 만큼이나 강한 모습을 보여 줄 수 있다. 그래서 나는 선수들에 게 말이나 표정 혹은 제스처에서 약한 모습이 드러나서는 안 될

다고 말한다. 상대 팀 선수들이 무슨 말을 하든, 설사 관중들이 모욕적인 언사를 퍼붓더라도 평정심을 유지한다면 전혀 동요되지 않는다는 인상을 심어 줄 수 있기 때문이다.

> 자신의 본분과 내면의 균형 유지를 염두에 두라.
> 그리고 이미 겪은 일처럼 능수능란하게 대처하고
> 잘 해낼 거라고 낙관하라.

코트 끝인 바스켓 근처에서 활약하는 공격수 중 하나를 우리는 보통 '포스트에 있다'고 말한다. 이 선수가 볼을 잡으면 즉시 상대 수비수 둘이 따라붙는데, 이들은 함께 붙어 압박을 가한다. 이때 포스트 플레이어와 같은 팀인 선수들은 난관에 부딪혀 이에 즉각적으로 대처하기가 쉽지 않다.

이런 경우에 우리 팀의 팀원들은 포스트 플레이어에게 끊임없이 '포스트에서의 평정심'을 보여야 한다고 말한다. 수비수

둘이 압박을 가한다 해도 침착하게 대처해야 한다는 얘기다. 그러면 포스트 플레이어는 지금까지의 훈련을 기억하고 스스로 선택해야 한다. 그리고 '어떻게 하지? 동료에게 패스를 할까? 아니면 바스켓 쪽으로 이동할까?' 하고 자문해 봐야 한다. 그런 후 겁을 내지 말고 경기에 몰두하면 되는 것이다.

평정심의 반대말은 두려움이다. 상대방이 이를 본다면 선수는 계속해서 수비수들에게 압박을 당할 것이다. 그러나 평정심을 유지한다면 상대편의 노력은 허사가 될 것이다. 평정심을 빼앗을 수 없다는 것을 깨닫는 순간, 그에게 주도권을 내줄 수밖에 없다는 사실을 깨닫기 때문이다.

이와 마찬가지로 당신이 가드라면 풀코트 압박수비에 직면하거나 한쪽 코너에서 수비수들에게 막혀 옴짝달싹 못하게 될 수도 있다. 그러면 두려움에 사로잡힌 나머지 볼을 빼앗길 것인가? 아니, 당신은 지금까지의 훈련을 생각하고 어떻게 대응해야 할지 스스로 선택해야 한다. 타임아웃을 요청할 것인가? 아니면 수비를 헤쳐 나와 득점 기회를 노리고 있는 팀원에게 접근할 것인가?

나는 순간적으로 망설여질 때에 마음의 소리에 귀를 기울이면 항상 긍정적인 답을 얻을 수 있다고 말한다. '난 실력이 되니까 해낼 수 있을 거야.' 라는 말에 귀를 기울이고, '오, 이런! 정말 큰일 났네.' 라는 말은 무시하라. 습관이 되면 부정적인 소리는 결국 완전히 없어지게 될 것이다.

곤경에 처했을 때 침착함을 유지할 수 있다면 다른 사람들도 이를 본받게 된다. 그 때문에 나는 선수들이 내 얼굴에서 두려움과 패배감을 보지 않도록 노력한다. 나는 적극적인 행동을 통해 성공을 팀에 보여 주고 싶을 뿐만 아니라, 이미 성공을 경험했다는 사실을 알리고 싶다.

당신과 팀원 모두가 평정심을 보여야 할 때도 있다. 게임이 엎치락뒤치락하여 결과를 예측할 수 없는 상황에 맞닥뜨렸을 때, 침착하고 성숙한 팀이 이길 확률이 높다.

스포츠야말로 '평정심'을 개발하기에 더할 나위 없이 좋은 분야라고 생각한다. 코트에서 배운 교훈이 인생에 적용될 때 스포츠의 진가가 발휘된다. 평정심은 승패와는 관계가 없다. 즉, 침착해도 질 때가 있는 법이다. 그러나 환경에 상관없이 평정심을 유지할 수 있다면 승리할 가능성은 더욱 커진다.

자부심
Pride

　우리가 자부심을 느끼는 계기는 매우 다양하다. 자부심이란 궁극적으로 성취감에서 오는 만족과 자기 존중으로 정의될 수 있다. 또한 원대한 조직의 일원이 되었을 때 느낄 수 있는 감정일 수도 있겠다. 잘나가는 그룹의 일원이 되거나 뭔가를 해냈을 때 우리는 '위엄'을 느끼기 때문이다. 즉, 자부심은 당신이 하는 모든 일에 이름을 걸고 최선을 다하는 태도를 뜻한다.

　내게 자부심을 처음으로 가르쳐 주신 분은 어머니셨다. 어머니께선 다음과 같이 말씀하셨다.

"마이크, 네가 하는 일엔 모두 네 사인이 적혀 있단다. 모두 네 것이라 생각하고 자부심을 가지렴."

나이가 들면서 어머니의 말씀은 내 마음 깊숙이, 그리고 확실하게 와 닿았다.

어머니는 자부심의 정의를 가르치셨을 뿐만 아니라, 그분이 하시는 모든 일을 통해, 예컨대 초콜릿 칩 쿠키를 만들면서도 몸소 자부심을 알려 주셨다. 어느 날이든, 누구를 위해 만드시든 어머니는 항상 최선을 다해 쿠키를 구우셨다. 쿠키 하나하나의 세세한 부분까지 신경 쓰시며 초콜릿 칩의 숫자까지도 늘 같게 하셨다. 형편이 넉넉하지 않을 때는 칩을 3개 넣으셨는데, 나중에는 4개로 늘었다. 항상 최고의 쿠키를 만들기 위해 칩의 개수를 늘 같게 하셨던 것이다. 어머니께서 하시는 일은 모두 최고였다.

사람들이 칭찬하거나 상을 주며 '훌륭하다'는 말을 했다고 해서 자부심이 생기지는 않는다. 어떤 일에 대한 공로를 인정받거나 자신의 기량을 최대한 발휘하여 그 일을 성취했다는 이유로 자부심이 생기는 것도 아니다. 농구를 하든 초상화를 그리든 집을 청소하든 그 일에 당신 자신이 투영되기 때문에 자부심을 가져야 하는 것이다.

> **당신의 사인이 늘 따라다니기 때문에
> 항상 자부심을 가져야 한다.**

개인플레이가 허용되지 않는 조직의 일원이 된다면 자부심의 수준도 매우 높아진다. 팀원이 된다는 것은 그런 것이다. 농구 팀원이나 가족의 일원, 혹은 복역 중인 군인들은 모두 태산 같은 자부심을 갖게 될 가능성이 높다. 매사에 자신의 이름뿐만 아니라 '듀크대'나 '크루지제프스키 가족' 혹은 '미국'이란 조직의 이름을 자신의 본분 위에 쓰기 때문이다.

2001년에 내 이름이 '나이스미스 명예의 전당'에 등재되었을 때, 자부심은 하늘을 찔렀다. 당시 연단에 섰을 때에 아버지가 생각났다. 내가 어렸을 때에 독특한 폴란드 이름을 가진 이민자들은 매우 힘겹게 살아갔다. 피할 수 없는 인종차별에서 벗어나고자 아버지는 윌리엄 크로스(William Kross)로 이름을 줄이셨다. 개명한 덕분에 취업 지원이 가능해졌고 제2차 세계대전 때는 미 육군에 복역할 수 있었다. 그러셨던 아버지께서 살아 계셨다면 느끼셨을 감정을 생각하니 자부심이 한층 고조되었다. '크루지제프스키' 라는 이름은 어빙(Erving), 러셀(Russell), 나이트(Knight)와 스미스(Smith)라는 농구계 거장들과 명예의 전당에서 어깨를 나란히 했다. 아버지의 성함과 내가 자랑스럽게 생각하고 있는 '크루지제프스키' 란 이름은 지금 특별한 존경을 받고 있다. 얼마나 놀라운 경험인가!

2006년 홈 컨퍼런스 경기가 있기 전날 밤에 스태프와 나를 한데 묶어 준 것도 바로 모두의 '자부심' 이었다. 보통 경기 전의 미팅은 라커룸에서 실시하지만, 이때에는 캐머론 경기장에 모이라고 주문했다. 캐머론의 센터 서클에는 듀크 농구단의 로고인 대문자 'D' 가 큼지막하게 새겨져 있었다.

우리는 듀크대 팀원이자 홈 코트의 수호자로서 자부심을 갖고 최선을 다해 자신을 대표할 것을 다짐했다. 스태프와 선수들 각자에게 표식을 나누어준 뒤 센터코트에서 각자가 'D' 라고 써넣는 것은, 최선을 다하겠다는 조건에 대한 동의다. 경기 전날 코트에 사인을 하게 한 까닭은 팀원으로서 각 선수가 무엇을 하든지 긍지를 가질 것임을 보여 주기 위해 한 행동이었다. 또한 우리의 것을 소중히 해야 할 책임을 자신에게 부여하는 것이기도 했다. 이젠 자신의 이름이 코트 바닥에 있다. 캐머론 경기장에서는 누구도 우리의 자부심을 뺏어갈 수 없다. 우리의 집이자 전통인 듀크대가 의미하는 바는 매우 크다. 우리는 최선을 다하고 실력을 닦을 것이며, 함께 뛸 것이다.

결국 그날 경기는 우리의 승리로 마감됐다. 듀크대 4학년 가드인 숀 다커리(Sean Dockery)는 경기 후 인터뷰에서 이렇게 밝혔다.

"바닥을 보니 바로 우리 집이라는 느낌이 들었죠. 바닥에 쓰여 있는 제 이름을 보고 자신에게 말했어요. '그래, 조금만 더 힘을 내자.' 라고 말이죠."

자부심이란 무엇을 하든지 자신의 이름을 걸고 일을 제대로 해내는 자세를 의미한다. 따라서 듀크대가 하는 일은 무엇이든 최고의 수준으로 끌어올려야 하는 것이다.

나의 부모님이 보이셨던 자부심을 스태프와 선수 그리고 나 자신도 가졌으면 좋겠다. 적극적인 행동에서 느끼는 감정을 통해 당신의 노력은 10배로 보상받는다는 것을 명심하라.

의지력
Will

보조는 기록을 살펴본 후 1득점에 그친 것을 확인했음에도 불구하고 이미 이겼다는 것을 예감했다. 그는 의지력으로 승리를 쟁취했던 것이다.

'보조'란 애칭을 가진 스티브 보에치에코브스키는 1997~1998년 시즌의 주장이자 4학년 포인트가드로 활약했다. 마지막 홈경기 땐 숙적 노스캐롤라이나와 맞붙을 예정이었다. 그 경기만 이기면 애틀랜틱 코스트 컨퍼런스 정규시즌에서 우승할 수 있었다.

듀크대는 지난 두 차례의 시즌 동안 맥을 못 추었기 때문에 이번만큼은 활기를 되찾아야 했다. 1993년 이후로 노스캐롤라이나와의 전적은 1승 9패였고 그들은 올해도 여전히 흠잡을 데가 없었다. 두말할 필요도 없이 보조는 이번 경기만큼은 반드시 이기고 싶어 했다. 캐머론 홈 스타디움에서의 마지막 경기였기 때문이다. 그는 승리의 주역으로 학교를 떠나겠다고 굳게 결심했다.

사실 승리에 대한 집착 때문인지 전반전의 경기는 매우 타이트하게 진행됐다. 우리는 이기려고 싸웠던 게 아니라 지지 않으려고 싸웠다. 전반전에서는 13점 차로 뒤졌다.

나는 하프타임이 되자 라커룸에 모인 팀에 화를 냈다. 겁이 나서 제대로 싸워 보지도 못한 것이 아니냐고 다그쳤다. 그러나 후반전 경기 결과는 전적으로 선수들의 의지력에 달려 있다는 것을 보조의 눈을 보고서 알았다.

후반전 12분을 기점으로 상황이 역전되기 시작했다. 종료 시간 8분을 남겨두고 우리 팀이 여세를 몰아갔다. 캐머론 홈 경기장의 응원 열기는 뜨거웠고 관중들의 함성 역시 쩌렁쩌렁 울렸다. 엘튼 브랜드와 로숀 맥레오드(Roshown McLeod)의 슛이 빛을

발하기 시작했다. 또한 우리의 철벽 수비는 노스캐롤라이나의 공세를 저지시켰다. 관중들이 함께 경기를 주도해 나가는 듯했다. 이번만큼은 반드시 이겨야 했다. 그 중심에는 '마에스트로'인 보조가 있었다. 그는 종료 전까지 동료들의 열기가 식지 않도록 팀을 주도해야 했다.

보조의 말에 의하면, 그는 '이번 경기에서 지느니 차라리 죽는 편이 낫다'는 각오로 덤벼들었다고 한다. 마찬가지로 당신이 어떤 높은 목표를 성취하려면, 그것을 이루기 위해 어떤 일이라도 해야 한다. 보조는 딱 한 가지 결과만 생각했다. 그리고 이를 성취하기 위해 마지막 8분 동안 선수 모두를 이끌었다.

의지력은 성품과 가치관 그리고 목표라는 근본에서 출발한다. 부모나 리더가 아이들에게 말로만 '의지력을 가지라'고 하면 소용이 없다. 자녀의 성품을 만들어 갈 가치관을 직접 심어 주어야 한다.

의지력은 환경의 도전을 받을 때만 드러난다. 보조는 의지력이 있었고, 그해 노스캐롤라이나와의 경기는 그의 의지력을 드러내는 계기가 되었다. 우리 팀은 17점 차로 뒤지다가 끝내 77대 75로 극적인 역전승을 만들어 냈다.

> ❝의지력이란
> 가치를 포기하지 않는 태도를 일컫는다.❞

보조가 코트를 나와 우리가 서로 포옹했을 때 관중들은 승리와 패배가 공존하는 경기의 결과를 보았을 것이다. 바로 그때가 우리 둘에게는 가장 멋진 순간이었다. 종료 휘슬이 울리자마자 우리가 본능적으로 만났던 까닭은 이미 승리를 예감했기 때문이었다. 사람들은 몰랐겠지만 그와 나는 알고 있었다. 보조의 의지력이 승리를 안겨준 것이다.

Part 2

성공을 위해서라면
부딪쳐라!

역경
Adversity

역경에 대처하는 태도를 보면 성공하는 팀과 그러지 못하는 팀을 구분할 수 있다. 역경의 노예가 되는가? 아니면 이를 발전의 기회로 삼는가?

역경은 당신을 가르치는 더할 나위 없이 좋은 스승이다. 힘겹게 극복한 난관은 쉽사리 얻은 성공보다 더 큰 쾌감을 안겨준다. 역경을 통해 본인의 지구력과 긍정적인 사고능력 그리고 열정의 정도를 발견할 수 있다.

현재 듀크대학의 리처드 브로드헤드(Richard Brodhead) 총장은

'역경'에 대해 귀감이 될 만한 말을 한 적이 있다.

> **"자네는 시련의 날보다는 오래 살 걸세."**

다시 말하자면 실패란 인생의 종말이 될 수 없다는 뜻이다.

일이 잘 풀리지 않을 땐 '오늘이 인생의 끝이 아니다.'라고 스스로 다짐해 보라. 그러면 역경은 곧 사라질 것이다. 다만 이를 발전의 도구로 이용할 수 있느냐가 문제다. 발전은 역경의 산물이다. 그리고 역경은 자신의 한계를 배우고 이를 초월하는 데서 비롯된다.

난관에 부딪칠 때마다 나는 문제를 직시하고 그 이면을 살핀다. 또한 해결책을 찾을 뿐만 아니라 나와 팀, 혹은 가족에게 미칠 긍정적인 영향력을 기대해 본다.

2003년 여름, 콜로라도 스프링스에서 강연을 마치고 난 후 나는 텔레비전 방송을 통해 끔찍한 소식을 접했다. 듀크대학의 전 포인트가드였던 제이슨 윌리엄스(Jason Williams)가 오토바이 사고를 당했다는 것이었다. 즉시 전화를 걸어 제이슨의 상태를 묻자, 의사는 그가 중상을 입었으며 시카고의 응급실로 이송되었다는 소식을 전했다. 다리를 절단해야 할지도 모른다는 의사의 말을 듣자마자 스케줄을 조정하여 시카고로 급히 달려갔다.

시카고로 가는 비행기 안에서 내 머릿속에는 온통 제이슨 걱정뿐이었다. 그가 젊었을 때 이룬 공로를 생각해 보았다. 제이슨은 듀크대 졸업생이자 NCAA 우승의 주역이었으며 '올해의 선수'로 두 번이나 등극했다. 그리고 캐머론 실내 경기장 서까래에 자신의 셔츠를 걸어 두기까지 했다.

그에게서 본받을 점은 실수를 두려워하지 않는다는 것이었다. 2001년 내셔널 챔피언십 결승전에서 제이슨은 3점 슛을 열 번이나 날렸지만 하나밖에 성공시키지 못했다. 그러나 경기 막판에 나는 제이슨에게 3점 슛을 다시 한 번 시도해 보라고 주문했다. 그러자 그는 조금도 망설임 없이 슛을 던졌고 공은 절묘하게 바스켓을 통과했다. 이는 '최고의 슛'으로 평가받았으며, 듀크대는 다시 한 번 내셔널 챔피언십 우승을 따냈다.

제이슨은 훌륭한 부모님에게서 아낌없는 사랑과 지원을 받고 자란 덕에 두려움을 몰랐으며 실수가 인생의 끝이 아니라고 생각했다. 대학에서 나도 그에게 아낌없이 지원해 주려고 노력했다. 제이슨이 최고의 선수가 될 수 있었던 비결은 바로 그의 '대담성'이었다.

병원에서 눈물을 흘리던 그의 부모와 포옹한 기억은 아직도 생생하다. 상체를 숙이고 제이슨의 이마에 키스했을 때 그는 입을 열었다.

"여기까지 와 주셔서 감사합니다."

나도 얼른 제이슨에게 말했다. 다시 걸을 수 있을 뿐만 아니라 NBA에 복귀할 수 있을 거라고 말이다. 그러고는 수년간 내가 지니고 있던 '성자의 메달'을 그에게 주었다. 메달을 볼 때마다 그가 현재 처해 있는 역경 그 이상을 보고, 사랑하는 가족이 평생 그의 곁에 서 있을 거라는 사실을 기억하길 바랐다.

나는 그에게 절망 너머에 있는 것을 깨닫게 해주고 싶었다.

"제이슨, 이 메달은 내가 특별히 아끼는 것이지만 지금 네게 빌려주고 싶구나. 다만 한 가지는 약속하렴. NBA 경기에 복귀하면 메달을 돌려준다고 말이야. 그러면 그곳으로 내가 달려가마."

주치의가 부상에 대한 치료 방안을 말할 때 나는 제이슨이 문제의 이면을 보고, '역경'이 아닌 '성공'이 그의 종착지임을 분명히 알기를 바랐다.

나는 챔피언다운 열정이 있는 제이슨이 본능에 충실할 때 최고의 기량을 발휘할 수 있다는 것을 알고 있었다. 성공하는 사람이 승리를 예상하듯 제이슨은 자신이 또 한 번 챔피언이 되리라 예감했다. 그의 한계는 매우 까다로운 시험대 위에 놓였다. 그는 이런 참혹한 상황에 정면으로 부딪쳐서 경기 때마다 발휘했던 투혼을 이제는 회복하는 데에 쏟아붓고 있었다.

치료하는 동안 그는 많은 경기를 관람했고, 의문점은 선수나 감독에게 질문을 하면서 풀어 갔다. 그뿐만 아니라 실황방송에 논평가로 출연함으로써 연구자로서의 역량을 발전시켜 나갔다. 그가 다시 걸을 수 있을지, 혹은 다시 농구를 시작하게 될지는 알 수 없었지만, 제이슨에게는 '승리자다운 열정'이 있음을 알았기에 나는 조금도 걱정하지 않았다.

결국 역경은 그를 감당할 수 없었다. 그는 역경을 통해 새 사람으로 성장했을 뿐만 아니라, 자신이 정신적, 정서적 그리고 신체적으로 얼마나 강건한 사람인지 알게 되었으리라. 제이슨은 난국과 그 이면을 보았으며, 자신의 챔피언다운 열정 덕분에 3년이 지나기 전에 다시 코트 위를 누빌 수 있었다. 그야말로 승리자가 아니겠는가!

"성공하는 사람은 승리를 예상한다."

위기 관리
Crisis Management

스포츠계의 리더인 나는 위기의 순간에 팀을 어떻게 이끌 것이며 그에 대처하는 방법은 무엇인지에 대해 묻는 사람들을 자주 만난다. 그러면 위기에 맞닥뜨렸다는 사실을 알아챘을 땐 이미 늦은 감이 있다고 대답한다. 특히 아직도 제자리걸음인 팀이라면 위기 상황에 봉착했을 때 선수들이 주인의식을 발휘하지 못한다.

위기는 발생하자마자 즉각 해결되는 문제가 아니다. 우리는 그런 상황이 빚어지기 전까지 매사에 충실히 대비해야 한다. 팀원들 서로가 서로를 신뢰할 수 있는 관계로 발전시켜 간다면 위기에 미리 대비할 수 있다.

나는 시즌이 끝날 때까지 팀 미팅이나 연습 혹은 개인적인 면담을 통해 위기가 닥쳐올 때면 이에 어떻게 대처해야 할지 분명히 주지시킨다. 위기가 찾아왔을 때 이를 극복하려고 부랴부랴 커뮤니케이션과 신뢰 관계를 다지기엔 이미 늦다. 그것은 진작 갖추었어야 하는 자질이다.

사람들은 위기가 찾아오면 한데 뭉치기보다는 으레 개인플레이를 생각한다. 곤경에 처했을 때 고독감을 느끼는 것은 인간의 본성일 것이다. 아마 여러분은 팀보다는 개인이 처한 상황을 더 걱정할지도 모른다. 리더의 목표는 바로 이런 때 개인의 관심을 팀에 집중시키는 것이다. 팀은 개인보다 훨씬 강력한 존재이기 때문이다. 서로를 의지하고 신뢰한다면 팀은 저력을 발견할 것이며, 개개인 역시 더 이상 혼자가 아니라는 확신과 함께 용기를 가지고 위기에 맞설 수 있을 것이다.

직종을 막론하고 위기의 상황에 봉착한다면 리더는 이를 극복할 수 있는 방법을 찾아야 한다. 내가 생각하는 위기는 참으로 보잘것없는 것이다. 위기가 찾아왔다고 생각할 때마다 말기

암 질환을 앓고 있거나, 전쟁에 징병되었거나, 혹은 생사의 갈림길에 있는 사람들을 보면 위기 축에도 못 든다는 생각이 든다. 위기를 어떻게 보느냐가 중요한 것이다.

서로를 신뢰하는 팀이나 기업 혹은 가족이 있다면 위기는 기회로 탈바꿈할 수도 있다. 팀원들과 함께했던 시간을 통해 자신이 쌓아 온 저력을 보여 줄 수 있는 절호의 기회이므로 곤경을 오히려 즐기게 되기도 한다.

> 성공하는 팀은
> 위기를 매우 중요한 시기로 여기고
> 이를 함께 극복한다.

위기를 기회로 바꾼 2.1초

듀크대 감독으로서 가장 멋진 일화 중 하나를 꼽으라고 한다면, 나는 1992년에 켄터키대학과 맞붙었던 NCAA 지역 챔피언십을 말하겠다. 지역 챔피언십에서 이기면 4강 진출이 확정이었지만 지면 보따리를 싸야 했다.

아직까지도 많은 사람들이 이 경기를 최고의 대학경기로 여긴다. 이를 지켜본 사람들은 켄터키와 듀크대 선수들의 타오르는 열정을 다분히 느꼈을 것이다. 정말 '아름다운 경기'였다. 켄터키와의 경기는 팀이 위기를 어떻게 극복하는지 잘 보여 주는 예가 되었다.

4강 진출을 놓고 우리는 연장전까지 가는 접전을 벌였다. 종료까지 2.1초를 남기고 듀크대가 1점 차로 뒤지고 있었다. 코트 한쪽 끝에서 볼을 잡고 맞은편 바스켓에 넣어야 득점할 수 있는 상황이었다. 양 끝 사이의 거리는 약 28미터.

당시에는 크리스천 래트너, 바비 헐리 그리고 그랜트 힐과 같이 재능 있는 선수들이 있었다. 마지막으로 요청한 타임아웃에 선수들이 벤치에 모였다. 그때 나는 선수들의 눈에서 패배의 기운을 보았다. 모든 선수들이 자리에 앉았을 때 내가 말을 꺼냈다.

"우리는 반드시 이긴다."

말도 안 되는 소리라고 폄하했는지는 알 수 없으나 그 한마디에 모든 선수들의 관심이 팀의 목표에 집중될 수 있었다. 비난과 후회, 두려움, 혹은 다음 주의 휴가 코스는 잊어버리고 말이다. 나는 그랜트의 눈을 보며 약 23미터 떨어진 크리스천에게 볼을 패스할 수 있는지 물었다. 크리스천은 맞은편 자유투 라인에서 볼을 기다리기로 했다. 그는 "할 수 있다"고 대답했고 그럴 능력도 충분했다.

나는 크리스천에게 고개를 돌려 2.1초라는 짧은 시간 동안 볼을 잡고 슛을 쏠 수 있는지, 눈을 응시하며 물었다.

"그랜트가 잘 던져 준다면 못할 것도 없죠."

두 선수는 "할 수 있다"고 대답했다. 그런데 더 중요한 것은 자신에게 맡겨진 일은 반드시 한다는 의지였다. 나는 긍정적인 두 선수의 대답이 마음에 들었다. 특히 자신감을 느낄 수 있어서 좋았고, 팀원들 또한 그들의 자신감을 읽었으리라 생각했다. 이처럼 두 사람 이상이 보내는 메시지를 팀원 모두가 듣는 게 중요하다. 크리스천과 그랜트는 모두 자신감이 충만했고, 타임아웃이 종료된 후에는 팀원 모두가 이길 것이라 확신했다.

긴장감이 흐르는 상황이었지만 계획은 지시대로 순조롭게 진행되었다. 그랜트는 크리스천에게 볼을 패스했고, 크리스천은 볼을 잡아 드리블을 시도한 뒤, 몸을 돌려 슛을 던졌다. 만약 슛을 던진 후 시간이 정지되었다면 크리스천의 손을 떠난 볼은 허공에 떠 있었을 것이다. 결국 농구공이 바스켓을 통과하면서 관중석은 아수라장이 되었다.

많은 사람들이 운이 좋았다고 말했다. 그러나 행운의 여신은 서로에게 신뢰감을 주고, 커뮤니케이션이 원활한 팀에 승리를 안겨 준다고 생각한다. 결론적으로 가족과 팀, 혹은 기업에 위기가 발생한다면 이는 기회가 될 수 있다.

압박감
Pressure

압박감의 힘은 강력하다. 당신의 숨통을 조이거나 숨을 탁 막히게 해서 부정적인 행동을 촉발시키거나 무력하게 만들기도 한다. 그러나 압박감을 극복하고 이를 발전의 기회로 삼을 수 있는 방법은 얼마든지 있다.

압박감의 극복 여부는 전적으로 당신의 시각에 달려 있다. 개인과 팀 전체가 얼마나 강력하고 유능한가를 보여 줄 수 있는 기회는 압박감에 맞닥뜨릴 때 찾아온다고 생각한다.

> **❝압박감을 효과적으로 극복하려면
> 사전 준비가 매우 중요하다.❞**

.

훈련 중에도 압박감을 받을 때를 머릿속으로 생각해 보기 바란다. 압박감에 대한 가능성을 미리 생각한다면 이를 극복할 수 있는 방법을 가상적으로 활용함으로써 실전에서는 마치 전에 겪었던 일처럼 느낄 수도 있을 것이다.

압박감에 대처하는 또 다른 방법은 이를 세분화하는 것이다. 나는 애초부터 어떤 일이든 큰 그림을 그리지 않고 상황을 몇 가지로 잘게 쪼개서 생각한다. 그러면 좀 더 수월하게 해결할 수 있다. 그러나 일이 생길 때마다 이를 극복해야 한다는 전체적인 상황을 떠올린다면 그 압박감은 불가항력이 될 것이다. 그래서 팀이 NCAA 토너먼트에 참여할 때마다 우리는 이 방법을 쓴다.

만약 내가 라커룸에서 "좋아, 이것만 해내면 돼. 처음 6경기를 이기면 내셔널 챔피언이 되는 거야."라고 말한다면, 굳이 받지 않아도 되는 압박감을 팀에 가중시킬 것이다. 그러나 나는 한 번에 한 경기씩 신경 쓰라고 말한 뒤, NCAA 토너먼트를 두 경기씩 셋으로 나눈다. 처음 두 경기를 이기면 16강에 진출하고, 다음 두 경기를 이기면 4강에 진출한다. 그리고 나머지 두 경기까지 잡아내면 우승 팀이 된다. 우승할 때까지 뛰어야 하는 경기가 4팀씩 이루어졌다고 생각하면 부담이 다소 줄어들 것이다. 게다가 '서포트 그룹'을 구축했다면 압박감을 혼자 감당하지 않아도 된다는 것을 잘 알 것이다. 따라서 문제를 쪼갠다는 것은 팀원들과 책임을 분담한다는 말이다.

지난해 홈 경기장에서 버지니아 공대와 접전을 벌일 때 우리는 극도의 압박감에 시달렸다. 종료까지 1.6초를 남겨두고 1점 차로 뒤지고 있었는데, 역전승을 만들려면 장거리를 쏜살같이 달려야 했다. 코트 안에서 볼을 잡는 역할은 조쉬 맥로버츠(Josh McRoberts)가 맡았고, 숀 다커리(Sean Dockery)는 볼을 잡아 슛을 쏴야 했다. 또한 벤치에 앉아 있는 예비 선수들과 관중석의 팬들은 선수들의 열정이 식지 않도록 도와야 했다. 그런 식으로 팀원 각자가 구체적인 역할을 충실히 이행해야 했다. 짧은 시간 동안 많은 일을 해내야 이길 수 있었다. 모두가 한 팀이라는 사실을 잘 알고 있었던 탓에 극심한 압박감에 시달리던 선수들은 자신의 역할에 충실했고 다른 동료들도 그렇게 해주리라 확고히 믿었다. 각자의 책임을 분담한 결과, 숀은 하프코트를 가로지르며 3점 슛을 터뜨렸고 77 대 75라는 역전극이 펼쳐졌다!

압박감을 받고 있다는 것은 건강하다는 신호다. 압박감이 전혀 없다면 자신의 한계점을 시험할 수 없을 것이다. 아니면 몸을 사리고 있다는 방증일지도 모른다. 압박감 때문에 실패하거나 막판 슛을 성공시키지 못했다 하더라도 자신을 실패자라고 생각해선 안 된다. 어려운 상황에서도 최선을 다한 자신을 자랑스럽게 여겨야 한다.

압박감을 느끼고 있다면 노력의 결과에 대해서 겁을 내지 말고 바로 앞에 펼쳐질 경기에 집중하라.

팀원에 대한 책임감이 건강한 압박을 불러온다

지금까지 듀크대에 있으면서 압박감을 가장 '우아하게' 극복
한 선수는 크리스천 래트너가 아닌가 싶다. 내셔널 챔피언십
우승 팀에 두 번이나 있었고, 4강에 네 번이나 진출한 팀에
속했던 선수는 크리스천밖에 없다. 또한 NCAA 토너먼트의
득점왕이자 1992년에 '올해의 선수'로 등극한 그는 극심한
압박감을 겪은 인물이다.

2학년이었을 때 그는 코네티컷과의 경기에서 마지막 슛을 성
공시킴으로써 1990년에 듀크대를 4강에 진출시켰다. 1991
년이었던 3학년 때는 네바다대와의 경기에서 두 번의 자유투
를 통해 내셔널 챔피언십 우승을, 1992년 동부 지역 결승전
에서는 켄터키와의 접전 상황에서 괴력의 막판 슛을 성공시
켜 팬들의 뇌리에서 떠나지 않는 경기를 연출했다.

크리스천은 압박감을 받을 때 오히려 빛이 났다. 그는 압박감

을 즐길 줄 알았던 것이다. 수년이 지난 지금에 와서 그와 이야기를 나눌 때면, 앞으로 새로운 팀을 지도할 때에도 압박감은 여전하겠다는 생각이 문득 스친다.

압박감을 극복하는 비결을 그에게 물었다.

"동료들에게 최선을 다하는 모습을 보여 줘야 할 책임감 때문이죠. 압박감을 극복할 수 있는 비결을 라커룸에 모인 팀원들에게 말해 줘야 한다고 생각했어요. 그게 바로 제 의무이자 성공하길 바라는 까닭이기도 합니다."

크리스천은 팀원이 된다면 성공할 수 있을 거라는 스태프의 말을 인용했다. 스트레스를 받는 상황에서도 축복을 받을 수 있었던 그를 자극했던 것은 바로 '팀'이었다. 나는 다른 사람들은 알기 힘든 일이 크리스천에게는 매우 단순했다는 말을 듣고 놀랐다.

만약 선수들이 모두 크리스천의 시각을 갖는다면 동료와 팀에 숨겨진 강점을 발견할 뿐만 아니라 스트레스가 오히려 축복이라는 사실을 깨닫게 될 것이다. 그러면 자신감을 갖고 최선을 다할 것이며 결과를 두려워하지 않을 것이다.

패배
Failure

'승리자'라는 말로 나를 정의하기엔 다소 부족하다. 오해하지 말길 바란다. 물론 나는 경쟁을 벌이는 것과 이기는 것을 좋아한다.

성장기 시절, 나는 어떤 것이 나에게 좋은지 알고 있었고, 그것에 빠져 있었다. 그래서 고등학교 때는 농구 팀 주장이었고 모범생이었으며, 학급 부반장이 될 수 있었다. 그러나 학교에서 농구를 하고 팀을 이끌었던 이 모든 일들은 저절로 이루어진 것이다. 왜냐하면 나는 고생하지 않고 쉽게 할 수 있는 일이 아니면 선뜻 나서지 않았기 때문이다.

나는 육군사관학교 시절에 처음으로 패배를 겪었고 그 이후로도 많은 패배를 거듭했다. 매듭짓는 법도 몰랐고 수영도 못했다. 시카고 도심에서 살았던 탓에 바깥 경험은 그리 많지 않았다. 그러나 사관학교에서는 생도들이 으레 모든 일을 이미 알고 있거나 신속히 숙달하리라 믿고 있었다.

육군사관학교에서 사관생도이자 팀원으로서 배운 점은 많았다. 저절로 주어지는 일에서 벗어나 새로운 일에 도전하고 때로는 실패를 맛보기도 했다. 지금도 사관학교에서 배운 교훈을 팀원들에게 전수하고자 노력하고 있다. '평소에 해오던 일만 하면 발전할 수 없다' 고 말이다.

사관학교에서 나는 가을학기 체육시험을 통과하지 못해 첫 번째 패배를 맛봐야 했다. 내로라하는 선수이자 평균 이상의 선수로 정평이 나 있던 나로서는 최대의 패배감이 들지 않을 수 없었다. 당시 두 가지 체육 과목은 수영과 체조였는데, 이 때문에 애당초 골머리를 앓고 있었다. 소위 말하는 '맥주병' 에다 체조는 구경도 못해 봤고, 유연성을 요구하는 운동은 해 본 적이 없었기 때문이다.

모든 것이 낯설게만 느껴졌다. 가까스로 체조는 통과할 수 있었으나, 수영에서 낙제하는 바람에 수영 실기시험을 통과할 때까지 재수강을 해야 했다. 실기에서는 수심이 약 2미터인 수영장에서 5킬로그램짜리 벽돌을 손에 들고 최대한 수영한 거리를 측정했다. 출발을 하자마자 벽돌이 바닥에 가라앉았고 나도 가라앉았다. 그리고 학점도 덩달아 가라앉았다.

실기시험에서 낙제하자 체육과목은 과락을 면치 못했다. 결국 나는 사관학교를 졸업할 수 있는 체력인지 확인받기 위해 많은 생도들과 함께 체력 검정을 받아야 했다. 이 테스트에는 수영과 체조가 포함되지 않았기 때문에 우수한 성적으로 통과할 수 있었다.

그 일로 처음 실패를 맛본 후, 수영 실기시험에 통과하려고 부단히 노력하면서 깨달은 바가 있었다. 전에 시도하지 않았던 일도 할 수 있다는 자신감이 생겼던 것이다.

물론 나 스스로가 겪는 실패가 전부는 아니었다. 팀 역시 실패와 맞닥뜨렸다. 1학년일 때 짧은 시간 동안 소대 전체가 군복으로 갈아입어야 하는 경우가 가끔 있었다. 해산 명령이 떨어지면 숙소로 돌아와서 다른 군복으로 갈아입고 다시 전과 같은 대형으로 집합하는 데까지 3분이라는 시간이 주어졌다.

처음엔 불가능한 일이라고 생각했다. 모두들 경황이 없어서 우왕좌왕하며 혼자 힘으로 해내려고 안간힘을 썼다. 나와 마주친 동기 2명은 서로를 밀기까지 했다. 결국 우리 모두가 대열에 늦게 합류했다. 그러자 상급생이 늦은 이유를 캐물었다. 그러나 우리가 할 수 있는 말은 "할 말 없습니다!"뿐이었다.

"그래, 할 말이 없을 거야. 1명의 낙오자도 없이 모두 나왔어야지!"

그가 말했다. 그 이후에도 똑같은 임무가 떨어졌을 때 동기 1명이 기적적으로 시간 내에 도착했으나 나와 다른 동료는 시간 내에 합류하지 못했다. 상급생은 또다시 우리에게 소리를 질러댔다.

"1명의 낙오자도 없어야 한다고 했을 텐데!"

숱한 상황을 겪으면서 우리는 팀워크가 필요하다는 사실을 깨달았다. 팀워크를 발휘했더니 결국 모두가 정해진 시간 안에 집합할 수 있었다. 당시 우리는 시행착오를 통해 서로를 돕는 방법을 터득했던 것이다.

한계를 극복하는 것은 쉽지 않다. 그것이 쉽다면 누가 망설

이겠는가?

　지금까지 내가 터득했던 소중한 교훈 중 하나는, 실패란 '안일주의'를 박차고 나온 결과라는 것이다. 사관학교에서 나는 실패를 실패 그 자체가 아닌, 발전을 위한 디딤돌로 보는 법을 배웠다.

> “ 실패는 인생의 종착역이 될 수 없으며
> 성공하기 위해서는 반드시 실패를 겪어야 한다. ”

　또한 자신의 한계를 극복하려면 새로운 일에 도전하거나 기존의 한계를 좀 더 높은 수준으로 끌어올려야 한다. 대부분 그렇듯이 인생은 실패의 연속이기 때문에 이 교훈은 평생 잊지 말아야 할 것이다.

　듀크대에서의 세 번째 시즌이 생각난다. 당시 1학년생들은 최고의 선수들로 구성되었다. 예컨대 마크 앨러리라든가 제이빌라스, 조니 도킨스, 데이빗 핸더슨 그리고 웰던 윌리엄스 등이 영입되었다.

경험은 다소 부족했으나 재능만큼은 출중했다. 11승 17패란 성적으로 시즌을 마감했을 때 나는 이러한 부진 역시 하나의 '과정'으로 생각해야 한다고 가르쳤다. 그처럼 시즌을 하나의 경험으로 생각한다면 앞으로의 미래를 좀 더 낙관할 수 있을 것이다. 더 밝은 미래가 우리를 기다릴 거라고 말이다.

20년이 지난 지금, 조니는 말한다.

"여정이 시작되었을 때보다는 나아질 거라 믿었죠."

1982~1983년 시즌을 한 단계씩 발전하기 위한 디딤돌로 생각했기 때문에 나머지 여정은 매우 놀라웠다. 다음 시즌 3회 통산 84승 21패를 기록하며, 1986년 한 해는 37승을 따냈다. 대학 농구 역사상 시즌 최다 승의 기록을 갱신한 것이다.

누구나 완벽할 수는 없다. 안일주의에서 벗어나 새로운 일에 도전할 때는 실패를 맛보게 될 것이다. 그러나 실패는 인생의 종착지가 아니라 한계를 극복하게 하는 도구이며, 성공적인 여정을 위한 디딤돌일 뿐이다.

자기희생
Selflessness

'자기희생' 이란 팀에 득이 된다면 무엇이든 하겠다는 의지를 말한다.

> 66 자신보다 더 큰 조직의 일원이 되지 않는 한
> 완벽해질 수는 없다. 99

짐 벌바노가 한 말인데, 그는 팀원이 되는 것과 그에 따른 보상을 적절하게 요약했다.

커다란 조직의 일원이 되려면 우선 자기희생이 필요하다. 그리고 팀의 발전을 위해서는 개인의 희생도 불사해야 한다는 사실 또한 이해해야 할 것이다. 사람들은 대부분 조직의 일원이 되고 싶어 하며, 자신의 행동이 곧 공익을 위한 일이라 확신하길 바란다.

'단역'으로 통하는 비장학생 선수들은 자기희생을 이상적으로 실현함으로써 팀의 중요한 자리를 차지해 왔다. 그들은 경기에 투입되는 시간도 타 선수들에 비해 얼마 되지 않고 언론의 주목도 받지 않았지만, 올아메리카 출신 선수들 못지않게 열심히 뛰어줄 거라는 기대감을 충분히 심어 주었다.

메릴랜드와 버지니아 공대에 연패했던 2004~2005년 시즌은 감독 생활 중 단역이 가장 돋보였던 때였다고 생각한다. 당시 주전선수들에게 화가 난 나는 뭔가 조치가 있어야겠다고 판단했다. 나는 연패 후 잠시 동안 모임을 갖고, 죽기 살기로 뛰는 선수들에게 다음 상대인 웨이크 포레스트와의 경기에서 주전 자리를 주겠노라고 선언했다. 나와 스태프는 그 경기가 시즌 중 가장 중요하고, 일대의 전환을 이룰 수 있는 기회라 생각했다. 따라서 선수들도 뭔가 깨닫는 바가 있으리라 생각했다. 그때 전직 팀 매니저이자 당시 3학년 단역이던 로스 퍼킨스(Ross Perkins)가 희생정신을 발휘한 덕분에 최고의 시즌으로 거듭나게 되었다.

나는 다음 연습시간에 5명 중 4명의 이름을 보드에 썼는데, 이들은 모두 단역선수들이었다. 그러고는 당일 가장 열심히 뛴 선수는 누구든지 마지막으로 선발하겠노라고 말했다.

연습이 끝날 무렵, 드디어 라인업이 결정되었다. 단역선수 4명과 레딕(J. J. Redick)이 선발되었다. 단역선수들은 시즌 내내 실전에서 몇 분 뛰지도 못할 거라고 지레짐작하기 때문에 컨퍼런스 경기에서 주전선수로 활약한다는 사실만으로도 대단한 영광이라 여겼다. 라인업이 발표되자 로스 퍼킨스는 사무실에서 직접 이야기를 나누고 싶다는 뜻을 내비쳤고 나는 흔쾌히 허락했다.

20분 후, 사무실을 찾은 그는 말문을 열기 시작했다.

"감독님이 보드에 제 이름을 쓰셨을 때 자신이 정말 자랑스럽게 느껴지더라고요."

"로스, 자넨 그럴 자격이 충분하네. 내일 웨이크 포레스트와의 경기에서 열심히 뛰어 보게."

그러나 시즌의 향방은 확 달라지고 말았다. 로스는 나의 눈을 응시하며 말했다.

"감독님, 이렇게 기회를 주시고 제게 자신감을 심어 주신 것 정말 감사드립니다. 하지만 저보다는 쉘든을 내보내시는 게 팀에 더 좋을 것 같아요……."

로스는 팀이 잘되기만을 진정으로 바랐고, 우리 모두가 성공할 수 있다면 '영광의 순간'까지도 기꺼이 포기할 수 있는 선수였던 것이다. 놀랍지 않은가!

나는 어리둥절할 정도로 놀랐다. 지난 두 경기에서 가졌던 실망감은 말끔히 사라졌고 팀의 승리를 위해 개인의 영광을 포기할 수 있다는 로스의 희생정신이 마음 한구석에 자리 잡게 되었다. 그는 조직의 일원이 된다는 것이 무엇인지 몸소 일깨워 주었다. 나는 감독을 그만두는 날까지 로스와 나눴던 이야기와 그가 보여 준 희생정신을 회자할 생각이다.

쉘든은 웨이크 포레스트와의 경기에서 주전으로 활약했고 치열한 접전 끝에 결국 승리를 쟁취했다. 경기가 끝난 후, 나는 로스를 안아주었다. 아이러니하게도 단 1초도 뛰지 않았지만 그의 희생 덕분에 우리는 승리했던 것이다.

공동 책임
Collective Responsibility

우리는 함께 이기고, 함께 진다.

'공동 책임'을 거론하려면 손가락으로 점수판을 가리키는 것이 가장 효과적일 것이다. 경기 중에 고개를 들어 주위를 둘러보아도 개인의 이름은 어디에서도 찾아볼 수가 없다. 점수판에는 팀명만이 있을 뿐이다. '듀크대, 시카고불스'라고 말이다. 이는 경기에서 개인의 승패는 따지지 않는다는 것을 의미한다.

경기를 막론하고 어느 순간이라도 책임은 팀 전체에 있는 것이다. 승패를 함께하는 팀에 '책임 공방'은 있을 수 없다. 시시

비비를 따지는 추태는 그룹을 파괴시키는 요인이다. 팀다운 팀은 서로를 헐뜯지 않는다.

> " 누군가가 일을 잘 해냈다면
> 이는 우리 모두가 해낸 것이며
> 누군가가 잘못을 저질렀다면
> 이 또한 우리 모두가 저지른 것이다. "

안티 팬들이나 언론 같은 아웃사이더는 이렇게 말할 것이다. "크리스천이 자유투를 실패하는 바람에 듀크가 졌다." 혹은 "숀이 막바지 3점 슛을 터뜨린 덕에 듀크가 이겼다."

그러나 이는 천부당만부당하다고 믿어 의심치 않는다. 이겨도 함께 이긴 것이며, 져도 책임은 모두에게 있는 것이다.

승패의 책임을 함께 나눈다면, 막중한 부담이 팀원 개개인에게 돌아가서 생기는 스트레스에 시달릴 일이 없다. 때로는 스스로 지기에는 매우 벅찬 짐도 있게 마련이다. 그러나 생각해 보

라. '성공할 수밖에 없다고 생각한다면 무엇인들 못하겠는가?' 라고 말이다.

책임을 기꺼이 받아들이려는 팀의 일원이 된다면 입장이 그렇게 바뀔 것이다. '실패할 수 없다' 는 분위기가 조성된다면 수준 높은 퍼포먼스를 구사할 수 있고, 더 과감해지며, 배짱도 두둑해진다. 또한 설령 패배하더라도 당신은 혼자가 아니다.

팀에 항상 강조하고 싶은 말은 '셔츠 뒤가 아닌 앞에 새겨진 이름을 걸고 뛰라' 는 것이다. 다시 말해 등에 새겨진 자신의 이름이 아닌 듀크대의 팀원으로서 플레이하라는 것이다. 이에 수긍한다면 우리는 경쟁다운 경쟁을 벌일 수 있으며 승리나 패배는 있을 수 없다.

레딕은 듀크대 농구 팀과 ACC 역사상 최고의 득점왕이자, NCAA에서도 인정한 '3점 슈터' 다. 팀을 승리로 이끈 주역인 그는 '올해의 선수' 로 선정되기도 했는데, 2005~2006년 시즌에 언론은 이 젊은이를 주목했고, 신기록을 갱신하기 위해 필요한 득점수를 산정하기도 했다. 이들은 레딕이 14경기 동안 30점 이상을 득점했을 땐 칭찬하기에 바빴으나 슛이 잘 먹히지 않을 땐 그를 비난하고 나섰다.

팀을 승리로 이끌고 기록도 경신해야 한다는 이중적인 부담을 안게 된 레딕은 팀과 시즌의 운명 때문에 스스로 부담을 갖지 않아도 된다는 사실을 쉽게 생각할 수 없었다.

루이지애나 주립대와의 16강 경기는 레딕의 대학시절 마지막 경기였다. 그는 슈팅 18회에 3득점이라는 시즌 최악의 성적으로 경기를 마감했고 우리는 패배의 고배를 마셨다. 경기 종료 9초를 남겨두고 퇴장한 레딕의 얼굴에는 망연자실한 표정이 역력했다. 그의 속내를 뜯어보자면, 패배의 모든 책임을 자신이 떠안았을 뿐만 아니라, 이를 만회할 경기가 없다는 사실이 못내 아쉬웠던 것이다.

팀원들과 코칭스태프들도 그를 위로하려고 애를 썼지만 소용이 없었다. 자신의 잘못이 아니라는 것을 레딕이 깨닫기까지 2주의 시간이 걸렸다.

우리는 시즌을 통틀어 그의 개인기가 없었다면 16강은 어림도 없었을 거라고 그에게 말했다. 레딕 덕분에 시즌 통산 32승의 기쁨을 팀 전체가 맛볼 수 있었지만, 루이지애나와의 경기에서 패배한 아픔을 팀 동료인 우리가 함께 떠안을 수 있도록 그가 마음을 열어야 했다.

시즌 초기에 레딕은 나이 어린 팀원에게 공동 책임을 가르칠 수 있었다. 팀의 일원이라는 사실을 기꺼이 받아들였던 것이다. 자신을 매몰차게 대하기도 했으나 공동 책임의식이 중요하다는 것은 알고 있었다.

시즌 첫 패배는 1월 말에 있었던 조지타운과의 경기였는데, 우리는 3점 차로 아깝게 분패했다. 종료까지 6.5초를 남기고 동점을 만들 수 있는 기회가 있었으나, 1학년 포인트가드인 그레그 폴러스(Greg Paulus)의 실책으로 상황은 더욱 암울해졌다. 레딕에게 패스하지 못한 탓에 득점 기회를 상실했던 것이다.

종료 휘슬이 울렸을 때 그는 그레그를 한쪽 팔로 감싸며 코트 밖으로 나왔다.

"괜찮아. 우린 함께 이기고 함께 지니까 말이야."

그때 나는 감독으로서 자부심을 느꼈다.

'공동 책임' 이라는 팀의 철학을 다시금 일깨워준 덕분에 그레그는 자신의 실책으로 인해 경기에서 패배한 것이 아니라는 사실을 분명히 알게 되었다.

우리는 함께 패배했다. 서로 책임을 공유한 탓에 이길 수 있었던 경기가 훨씬 많았다.

　결과적으로 32승 4패의 성적으로 ACC 정규시즌과 ACC 토너먼트 결승까지 진출할 수 있었다. 팀 전체가 책임을 함께 나누었기 때문에 시즌을 멋지게 끝낼 수 있었던 것이다.

> " 자신의 이름이 아니라
> 팀의 일원으로 플레이하라. "

진실성
Integrity

'진실성' 이란 혼자든 여럿이 함께 있든, 보상이나 결과에 상관없이 옳은 일을 한다는 자세를 일컫는다. 또한 기본적인 윤리의식을 행동으로 옮긴다는 뜻을 내포하고 있다.

진실하려면 일단 인격이 뒷받침되어야 한다. 어떤 이는 그릇된 일을 다른 사람에게 강요하기도 한다. 동료들의 압력에 못이겨 자신의 윤리적인 잣대에 완전히 어긋나는 일을 하는 경우도 종종 있다. 물론 그릇된 일인 줄 알면서도 이를 과감히 버릴수 있는 힘이 그들에게는 없을지도 모른다. 그리고 나 역시 자신의 확고한 의지를 고수하며 상대방이 옳은 일을 선택할 수 있도록 돕는 일에 실패할 때가 있다. 하지만 그럴수록 '안 된다'고 강하게 거절하면서 압력에 희생되지 않아야 한다. 그렇게 한다면 타인 역시 불의에 거절할 수 있는 힘을 얻게 될 것이다.

나는 옳은 일을 하라는 부모님의 말씀을 통해 진실성을 배웠다. 그래서 엄격한 규율하에 운영되는 육군사관학교에 입학했을 때도 불안해 할 필요가 없었다. 명예규약의 '사관생도는 거짓말이나 부정행위 혹은 절도를 일삼지 않으며, 이를 저지른 사람은 용서하지 않는다'는 규정도 문제가 되지 않았다.

내가 선수들과 딸들에게 항상 강조하는 말이 있다. 강좌 혹은 시험에서 D학점을 받는 게 최악의 사태는 아니라는 것이다. 점수는 얼마든지 만회할 수 있다. 다음 시험 때는 공부를 조금 더 철저히 하거나 개인교습을 받아도 된다. 그것도 싫다면 아예 재수강을 하면 그만이다. 나는 부정행위야말로 최악의 사태라 생각한다. 커닝을 하겠다는 것은 자신을 포기하겠다는 뜻이기 때문이다. 옳고 그름을 판단하는 감지장치, 즉 양심에 따라 행동하지 않는다면 그때마다 자신의 일부는 점차 깎여 나갈 것이다.

이처럼 진실한 마음을 포기한다는 것은 위험한 일이다. 하나를 포기하면 또 다른 것도 포기하게 되며, 결국 윤리의식은 부지중에 완전히 잊힐지도 모른다. 잘못을 저지를 때마다 자신이 그릇된 길을 가고 있다는 생각은 점점 사라지게 된다. 그러나 상황과 관계없이 자신의 윤리규범에 따라 행동한다면 당신의 근본바탕은 점점 강력해지며 힘든 시기가 찾아와도 윤리의식은 흔들리지 않을 것이다.

당신이 성실하고 윤리규범을 따르기 위해 주변사람들이나 팀원들에게 의지할 수 있다고 가정했을 때, 당신이 형성할 수 있는 팀의 힘을 상상해 보라. 기꺼이 옳은 일을 하겠다는 팀 전체의 힘 말이다.

> 66 혼자든, 여럿이 함께 있든,
> 보상이나 결과에 상관없이
> 옳은 일을 하는 자세를 가져라. 99

진실하게 살려고 노력하면
옳은 일을 하기가 수월해진다

내가 어렸을 때 아버지는 주머니에 동전을 가득 넣고 다니셨다. 복도를 지나실 때 '짤랑짤랑' 소리가 들릴 정도였다. 아버지는 퇴근해서 집에 오시면 작업복을 침실에 있는 의자 등받이에 걸어 놓곤 하셨다.

어느 날 오후에 나는 아버지께서 다른 방에 계신 것을 알고는 몰래 침실에 들어가 주머니에서 동전 몇 개를 꺼냈다. 동전이 없어진 걸 모를 정도로 아주 조금 가져가서 평소에 먹고 싶었던 사탕을 사 먹었다.

다음 날 아버지께서 나를 방으로 부르시더니 혹시 동전을 가져갔냐고 물으셨다. 나는 아버지께 꾸중을 들을까봐 두려워 거짓말을 하고 말았다. 공교롭게도 내가 가져갔던 동전 중 하나가 아버지께는 매우 귀중한 것이었다. 이른바 '행운의 동전' 이었는데 나에겐 '불행의 동전' 이 되고 말았다.

아버지께선 내게 실망을 감추지 못하셨다. 물건을 훔쳤을 뿐만 아니라 거짓말까지 했으니 말이다. 비윤리적인 잘못이 또 다른 잘못을 낳았던 것이다.

그날 오후 기분이 어땠는지 지금도 생생히 기억난다. 아버지를 실망시켜 드렸고, 그 때문에 나 자신 역시 실망스러웠다. 그래도 다행이라고 생각한다. 다시는 그런 기분이 들지 않도록 방향을 확실히 전환했기 때문이다.

그날 이후 나는 진실하게 살려고 노력했다. 시간이 흐르고 행동이 반복될수록 옳은 일을 하기가 점점 수월해졌다.

결론적으로 말해서 진실성은 당신의 인격을 형성하며 도덕성은 인생의 안내자가 될 것이다.

도전
Challenges

성공의 맛을 본 리더가 열정을 유지하기란 참으로 어렵다. 매너리즘을 극복하려면 행동을 매년 달리하는 것이 좋다. 매 시즌마다 팀이 바뀌고, 맞서게 될 상대 팀도 달라지며, 아이디어도 새로이 떠오르는 까닭에 도전 목표도 달라질 수밖에 없다. 이런 식으로 시즌을 맞이한다면 기분도 늘 새로워질 것이다.

무사안일주의에서 벗어나는 것은 대단히 중요하다. 그러기 위해서는 끊임없이 새로운 목표를 가지고 자신의 한계가 어디까지인지 시험하며, 실제적인 한계는 없다는 사실을 발견하려고 노력해야 한다.

동일한 목표에 새로운 안목으로 접근하는 것과 전혀 새로운 목표를 달성하는 것은 그리 쉽지 않다. 그러나 그럴 수 있다면 전에는 알지 못했던 자신을 발견하는 데 큰 도움이 될 것이다. 59살인 사람도 말이다!

나는 최근에 의욕을 불러일으키기 위한 강연을 맡는가 하면, 에밀리 크루지제프스키 센터 건립과 XM위성라디오 방송 일을 도맡아 하고 있다. 그러다 2005년 가을, 드디어 생애 최고의 도전에 맞닥뜨리게 되었다.

제리 콜란젤로(Jerry Colangelo) 미국 농구협회 이사가 2008년 베이징 올림픽 시즌까지 3년간 미국 대표 팀 감독을 맡아 달라고 제안해 왔을 때, 나는 정말 감개무량했다.

그러나 이를 수락하기 전에 우선 가족들과 의논해야 했다. 아내와 딸들 그리고 사위들은 이번 기회의 무게감이 사뭇 다르다는 것을 잘 알기 때문에 나를 걱정했다. 막중한 책임감에 사로잡혀 이미 분주한 스케줄이 공수표가 될까봐 염려했던 것이다.

또한 종종 과중한 업무로 인해 피로가 누적되진 않을까 걱정하기도 했다. 1994~1995년 시즌 후반기 때 과로로 인해 잠시 일에서 손을 뗐던 경험을 감안해 보면 이는 지극히 당연한 걱정이었다.

가족들은 '대표 팀 감독직'을 부담스럽게 여겼으며 식사를 하던 도중 감정이 격해지면서 대화가 언쟁으로 비화되기도 했다.

그러나 나는 이번 일을 계기로 더욱 젊어진 것 같고, 새로운 도전에 갈증을 느끼게 됐다는 나의 소신을 분명히 밝혔다. 내가 감독직을 대단한 영광이자 조국에 이 한 몸 바칠 수 있는 기회로 생각한다는 것을 잘 알고 있기에, 그들은 한숨을 내쉬면서도 더 이상 이러쿵저러쿵하지 않았다.

새로운 도전에 맞닥뜨릴 땐 사랑하는 가족들의 후원이 절대적으로 필요하다. 비록 실패하더라도 가족들은 끝까지 나를 격려할 거라고 믿기 때문에 일에 뛰어들 수 있는 것이다.

'성공했다'는 자부심이 도를 지나쳐 '더 이상 오를 곳이 없다'고 자만해서는 안 된다.

> 새롭고 놀라운 도전 과제는 항상 있게 마련이며,
> 이를 받아들여야 할 때를 아는 것이
> 성공할 수 있는 비결 중 하나다.

나는 지금 회춘한 기분에 가슴이 설레고 있다. 대표 팀 감독으로서 앞으로 배우게 될 일들을 생각하면 잠이 안 올 정도다.

Part 3

공존은
성공의 디딤돌이다!

균형

믿음

관심

헌신

의존

공감

존중

신뢰

커뮤니케이션

가족

우정

사랑

균형
Balance

동기와 열정과 집중력은 훌륭한 자질이다. 또한 이것들은 성공적인 인생과 비즈니스를 위해 꼭 갖춰야 할 요소이기도 하다.

그러나 이들 못지않게 중요한 자질인 '균형'을 간과해서는 안 된다.

직장에서 동기부여는 매우 중요하나, 동기부여를 지나치게 강조하다 보면 한쪽으로 치우친 사람이 될 수 있기 때문에 주의해야 한다. 직장이나 가족, 혹은 종교, 우정 그리고 지역 사회봉사에 당신이 쏟는 시간과 에너지의 균형이 잡히지 않는다면 정신적인 균형도 기대할 수 없게 된다.

균형이 필요하다는 것은 1993년에 패배의 쓴잔을 마신 뒤, 당시 11살 된 딸 제이미가 가르쳐 주었다. 우리는 1991년과 1992년 연속으로 NCAA 우승을 차지했으나, 캘리포니아가 듀크를 꺾으면서 '연속 3회 우승'이라는 타이틀을 좌절시키고 말았다.

그날 저녁 노스캐롤라이나 행 비행기를 탔을 때의 분위기는 매우 침울했다. 나는 중간통로를 다니면서 치어리더와 악단에게 수고했다며 감사를 표했다. 또한 4학년 선수들을 바라보며 지금과 같은 힘든 시기를 극복할 수 있도록 혹시 내가 도울 수 있는 일이 있는지를 생각해 보았다. 그때 마침 제이미가 속삭였다.

"아빠, 이리 좀 와 보세요."

처음에는 팀원들에게 집중한 탓에 딸에게는 눈길을 주지 않았다. 그러나 제이미는 계속 나를 불러댔다. 제이미 쪽으로 몸을 돌리자 이렇게 말했다.

"아빠, 내일 식구들이 다 모이면 안 돼요?"

수개월 동안 가족이 모이지 못했다. 나는 그저 팀 걱정뿐이었지만 11살 난 딸은 가족을 생각했던 것이다. 항상 아이들에게 관심을 갖겠다고 다짐했기 때문에 다음 날 저녁 6시에 가족이 모이기로 했다.

　다음 날 아침, 제이미는 손에 클립보드와 펜을 들고 침실로 들어와서는 '내가 지금 얼마나 행복한지' 1부터 5사이의 숫자로 써 보라고 했다. 1이 최저점이었고 5가 최고점이었다. 며칠 전 경기에서 패배한 탓에 기분이 그다지 좋지는 않았다. 그래서 '0'이라고 하려 했으나 제이미가 실망할까봐 '3'이라고 했다. 기분이 그저 그렇다는 얘기였다.

　"좋아요."

　제이미가 내 말을 보드에 적으며 말했다.

　"그러면 개를 키우게 된다면 얼마나 행복하실 것 같아요?"

　딸아이가 어떤 반응을 기대하고 있는지 알고 있었으나 그냥 '4'라고만 했다.

　6시 정각, 온 가족이 거실에 모였다. 제이미는 가족들 앞에 서 있었고 아이 뒤에는 포스터 2개가 붙어 있었다. 첫 번째에는 큰 글씨로 '안건 1 : 강아지'가 써 있었고, 그 밑에는 실천사항으로 '안건 2 : 가족 휴가'가 써 있었다. 또한 '지금 필요한 것은 이것'이라는 글이 마지막 줄에 써 있었다.

제이미는 레이저 포인터로 첫 번째 안건을 가리키면서 변론하기 시작했다. 가족에게 개가 없을 때의 행복수치와 개를 키울 때의 행복수치가 어떻게 변해 갈지 보여 주는 막대그래프를 제시하기도 했다. 그래프를 보니 행복수치는 60에서 80으로 증가했다. 가족 전체의 행복수치가 20퍼센트나 올라가다니!

딸아이는 '실천사항'으로 포인터를 옮기고는 이를 큰 소리로 읽었다.

"당장 이렇게 해요!"

가족들은 반려동물을 길러야 할지 상의하기 시작했다. 만일 키운다면 강아지는 누가 훈련시킬지, 또한 운동은 누가 시키며, 청소는 누가 할지 곰곰이 따져 봤다. 제이미는 자기가 다 하겠다고 했지만, 이는 신빙성이 없었다.

결국 우리는 '개를 키우지 말자'고 결론지었다. 그러자 딸아이는 울음을 터뜨렸다. 두 번째 안건으로 넘어가지도 않은 채, 회의는 끝이 났다.

다음 날, 선수를 모집하기 위해 지역 순회에 나섰다. 이튿날 집으로 돌아와서 현관문을 열었을 때 나는 깜짝 놀랐다. 집 안에 개가 한 마리 앉아 있는 게 아닌가! 예쁜 래브라도 강아지였는데 이름은 '디펜스(Defense—수비)' 였다.

생각해 보니 제이미의 통계는 잘못된 게 틀림없었다. 행복수치가 20퍼센트 오를 거라고 했는데 지금 40퍼센트가 올라 '100퍼센트' 가 되었기 때문이었다.

디펜스는 우리 가족에게 큰 보탬이 되었다. 그리고 1년이 지난 후 우리는 래브라도 한 마리를 더 데려왔다. 이름은 캐머론(Cameron)이라 지었다.

'디(Defense)' 와 '캐미(Cameron)' 는 즐거움과 위로가 되었고 우리 가족을 마냥 좋아했다. 출장을 다녀오거나 고된 연습이 끝나고 집에 왔을 때 마루에서 달려 나오는 개들과 함께하는 것을 낙으로 삼았다.

디펜스와 사이가 좀 더 가까워진 후, 1993년의 4강전이 있을 무렵에 CBS방송사의 일로 다시 7일간의 출장길에 올랐다. 일을 마치고 집에 왔을 땐 심신이 매우 피곤했다. 바로 다음 날, 5일 일정으로 선수를 모집하러 또 떠날 것을 생각하니 부담이 이만저만이 아니었다.

거실에 앉아 있으니 제이미의 포스터가 눈에 들어왔다. '가

족 휴가 : 지금 필요한 것은 이것' 을 뚫어져라 쳐다보았다. 잠시 고민한 후에 순회 일정을 취소하고 휴가를 떠나기로 결심했다. 해변에서 둘째 딸 린디와 시간을 보낼 수 있었는데, 그 아이는 사춘기로 심란한 나날을 보내고 있었다. 해변을 거닐고 이런저런 이야기를 하며 해결책을 모색해 보았다. 가족의 행복수치는 또다시 상승곡선을 탔다.

인생의 균형을 유지할 수 있도록 제이미가 끈질기게 노력한 덕분에 이 모든 일이 가능했던 것이다.

리더이자 사업 지향적인 사람이라면 한 가지 일에만 치중한 탓에 주변 사람들이 관심 밖으로 밀려나지 않도록 주의해야 한다. 균형이 당장 필요하거나 정도에서 이탈하지 말아야 할 때가 바로 지금이라면 가족과 친구들이 곁에서 이를 상기시켜 줄 것이다.

나는 부진한 성적으로 감정이 동요할 때면 인생의 다른 부분에 시간을 쏟으려고 노력한다. 이는 결국 자아발전의 계기가 되기 때문이다.

" 균형 감각은
상황을 바르게 볼 수 있는 '눈'을 제시하며
기분이 우울할 때도 즐거움을 줄 수 있을 뿐만 아니라,
어떤 일을 만나든지
최상의 컨디션을 유지할 수 있도록 한다. "

믿음
Belief

마술처럼 사람의 마음을 사로잡는 '사랑한다'는 말은 문화를 막론하고 의미심장하며 중요한 말임에 틀림없다. 그러나 이는 아이들을 둔 가족, 혹은 팀원들과 호흡을 맞춰야 하는 리더들은 잘 하지 않는 말이 되어 버렸다.

당신이 코치나 CEO, 혹은 부모라는 리더의 자리에 있다면 '사랑한다'고 고백해 보라. 그러면 팀이나 직원 혹은 가족의 마음가짐 또한 크게 달라질 것이다.

"당신의 저력을 믿는다."

이 말 한마디에 실패의 두려움이 '일단 부딪쳐 보자'는 용기로 바뀌기도 한다. 상대방의 눈을 응시하며 "난 당신을 믿어."라고 말하는 것은 '인생의 여정을 함께할 것'임을 뜻한다. 누군가 당신을 믿는다면 외로움 때문에 생기는 불안감을 떨쳐 버리는 데 도움이 된다.

> ❝믿음은 자신감을 갖게 하며
> 혼자서는 할 수 없는 일들을 감행하게 만든다.❞

또한 '믿음'은 팀원, 혹은 가족 구성원의 유대감을 더욱 돈독하게 한다. 절망의 구렁텅이에 빠질지라도 누군가 당신을 끌어올려 줄 것이며, 장애물이 앞을 가로막고 있다 해도 이를 극복하는 데 누군가가 보탬이 될 것임을 알게 될 것이다.

혼자 패배를 감내해야 할 때 팀 전체가 이를 공유한다면 패배도 긍정적인 교훈이 될 수 있다. 반면에 성공을 함께 나누면 보람도 배가되는 것이다. 성공하는 데 각자가 일조를 했기 때문이다.

민음이 충만한 조직은 승패의 기쁨과 아쉬움을 함께 맛본다. 믿음은 저절로 생기는 것이 아니다. 이를 얻으려고 꾸준히 노력해야 상대방도 당신을 신뢰할 것이다.

믿음의 근본은 인간관계에 있다. 예컨대 내가 거짓말을 한다면 우리의 관계는 소원해질 것이며, 앞으로 내가 하는 말은 믿기가 어려워질 것이다.

믿음은 당신과 팀을 강력하게 만들 수 있는 만큼 깨지기 쉬울 때도 있다. 그래서 우리는 믿음을 잘 가꿔 나가야 한다.

최강의 팀과 전통 형성의 밑거름, 믿음

'믿음' 하면 조니 도킨스(Johnny Dawkins) 부코치가 떠오른다. 과거 듀크대에서의 첫 2년은 상당히 힘든 시기였다. 두 시즌 에서 27승 30패라는 부진한 성적과 나를 해고하고 싶어서 안 달하던 많은 논객들이 힘들게 했다.

나와 스태프는 다수의 선수들 중에서 일부를 추려내고자 했 다. 그래서 일단 그물망을 넓게 열어 두는 방식으로 전략을 수정했다. 선수 모집에 더 집중한다면 영입하고 싶은 몇몇 선수들과의 관계를 조금 더 좁힐 수 있을 거라 생각했기 때 문이다.

조니 도킨스는 워싱턴 DC에서 명성이 자자했던 고등학생이 었다. 조니의 집 거실에서 가족들과 함께 시간을 보냈던 일과 집에 그들을 초대했던 일이 아직도 기억에 남는다. 당시 4살 배기였던 딸 린디는 듀크대에 입학할 거냐는 질문 밑에 '예',

'아니오'라는 확인란을 쪽지에 적어 그에게 주었다. 조니와 나의 유대감은 매우 돈독해졌고, 나는 그에게서 뭔가 특별한 재능을 읽었다.

보여 줄 이력이 없었던 탓에 선수 모집은 매우 어려웠다. 챔피언십 우승은커녕 조촐한 대회의 우승 경력도 없었다. 그래서 명문학교들이 앞다투어 영입하려던 조니에게는 '나를 믿으라'고 말할 수밖에 없었다. 그가 왜 나를 믿어야 하는지 뚜렷한 근거도 내세우지 못했지만 말이다.

조니는 우리가 건진 최초의 '월척'이자 맥도널드 올아메리카 (최고의 선수들로 구성된 고등학교 농구 팀)의 팀원이었다. 조니가 나와 듀크대학에 쏟은 헌신이 장래의 성공에 얼마나 큰 힘이 되었는지는 아무리 강조해도 지나치지 않을 것이다.

아무리 훌륭한 선수라도 처음이 가장 중요하듯 감독 역시 첫 출발이 매우 중요하다. 듀크대는 항상 이기는 팀은 아니었다. 또한 상위권 근처에도 못 갔던 적도 있었다.

나는 내 능력을 믿을 수 있는 사람이 필요했고 철석같이 나를 믿어준 조니가 한없이 고맙게만 느껴졌다.

듀크대에 입학한 후 뛰어난 기량을 선보인 그는 2,500득점을 기록하며 '올해의 선수'로 지명되기도 했다. 또한 드래프트에서 '로터리 픽(Lottery pick)'이었으며 NBA에서도 장기간 두각을 나타냈던 선수였다. 그가 나를 믿은 만큼 나도 그의 역량을 항상 믿어 왔다. 네다섯 번의 슛을 연속으로 놓쳤을 때도 계속 슛을 쏘라고 주문했으며 슛을 던질 때마다 첫 슛이라 생각하라고 말했다.

서로를 신뢰한 덕분에 감독과 선수 간의 유대감은 놀라울 정도로 발전해 갔다. 조니가 모범을 보인 이후로 최고의 학생을 영입할 수 있었다.

그런데 거기에도 만족하지 못했는지 조니는 듀크대 부코치로 컴백했고, 이번엔 감독과 부코치로서의 유대감이 더욱 돈독해졌다. 서로에 대한 믿음을 팀원들에게 전수할 수 있는 사람은 조니밖에 없었다. 그의 믿음은 팀의 구심점 역할을 했다.

대학에 헌신하고 서로를 신뢰할 때 비로소 '믿음의 기반'이라는 전통의 근간이 확립된다. 선수의 가정을 방문할 때면 우리는 어김없이 서로에 대한 믿음을 확인한다. 조니 도킨스 덕분에 그런 전통이 생긴 것이다. 조니는 선구자였다.

팀원들이 우리를 믿고 우리도 그들을 믿을 때에야 비로소 최강의 팀과 전통이 탄생한다.

관심
Care

누군가 혹은 무언가에 '관심'을 쏟는다는 것은 환경을 불문하고 그에게 순수한 마음을 보여 주는 것이다.

농구 팀이 발전하는 데 있어서 관심 또한 선수들이 갖춰야 할 중요한 자질이다. 팀원이라면 서로를 보듬어 주고 이해하며 공감대를 형성할 뿐만 아니라, 코트에서의 퍼포먼스에 관심을 기울일 것이다. 팀원뿐만 아니라 자신의 목표에 관심을 쏟는다면 행동 또한 달라질 수밖에 없다.

관심이 중요한 까닭은 팀의 한계를 극복하고자 노력할 때마다 실수를 저지르는 팀원이 꼭 있기 때문이다. 잘못을 저질렀다는 것을 알게 되면 기가 꺾일 것이다. 이때 가장 신뢰하는 팀원들이 어떻게 반응하느냐에 따라 잘못에 대한 태도가 결정된다.

그는 같은 잘못을 또 저지를까봐 두려워할 수도 있다. 그런데 그가 자신의 잘못을 솔직히 털어놓았을 때 팀원들이 자신을 격려해 준다면 주저하지 않고 다시 일어설 수 있을 것이다. 그 역시 한 번의 실수로 다시는 노력할 엄두조차 내지 못하는 것을 바라지는 않을 것이다.

❝관심은 자신감을 불러일으킨다.❞

상대방이 조건을 따지지 않고 당신을 지지해 준다면 성공할 수 있는 분위기를 조성할 것이며 결국 재기할 수 있다는 자신감을 갖게 될 것이다.

관심은 인간관계에서 출발한다. 코트 안에서 혹은 코트 밖의 일상생활에서 서로에게 쏟는 관심이 있고, 팀원 서로를 한 식구로서 또는 선수로서 알아가기 위해 시간을 아끼지 않는 것 또한 관심이다.

나는 1년에 몇 번씩 집에서 팀원들과 저녁을 함께 보낸다. 함께 식사를 하고, 텔레비전 중계방송을 보거나 팀원들에게 긴장을 풀 기회를 주기도 한다. 또한 일대일 면담을 통해 가정사나 여자친구 혹은 학업 분위기 같은 사적인 질문을 하기도 한다. 이는 그들이 선수뿐만 아니라 가족이기도 하다는 사실을 보여주기 위한 것이다.

나는 진심으로 팀원들을 감싸 주었고, 학교에서 만나더라도 변함없이 관심을 쏟았다. 졸업생이 전화를 걸어 조언을 구하거나 근황을 물을 때면 더할 나위 없이 기분이 좋다. 이는 그들에게 관심을 보였다는 방증이기도 하다.

관심은 자신감의 원동력이다

전미 챔피언십에서 활약하던 1999년 시즌이 끝났을 무렵, 나는 고관절 이식수술을 받고 집에서 휴식을 취하고 있었다. 당시 스타급 플레이어이자 주장이던 트레이전 랭돈(Trajan Langdon)은 이미 졸업한 후였고 다른 선수 셋은 NBA 진출을 위해 조기졸업을 결심했다. 그리고 어떤 선수는 전학을 갔다. 37승을 이룬, 전국에서 내로라하는 팀에 남은 베테랑 선수는 고작 셋이었다. 그 사실에 기분이 우울해지고 외로움이 찾아왔다. 다음 시즌에 팀을 이끌고 갈 주역들, 크리스 캐러웰(Chris Carrawell), 네이트 제임스(Nate James) 그리고 셰인 베티어(Shane Battier)가 찾아왔다. 그들은 침대 옆에 의자 세 개를 놓고 앉아서 팀의 향방에 대해 장시간 이야기했다.

"감독님, 좀 어떠세요?"

그들의 첫마디였다. 흔한 말이지만 나에게는 의미심장한 말로 들렸다. 이식수술 후 회복 여부뿐만 아니라 적잖은 선수들이 빠져나간 후 마음을 잘 추스르고 있는지 물었던 것이다. 나는 솔직히 대답했다.

"그래도 너희들이 남아서 견딜 만하다."

이 세 선수들은 자진해서 나를 찾아왔고 내게 관심을 보여 주었다. 향후 시즌이 어떻게 전개될지 의문이 들긴 했지만 그들을 보니 새로운 활력이 생기기 시작했다.

선수들이 자리를 뜨기 전까지 그해 팀이 나아가야 할 방향을 이야기했고, 그들이 보인 관심 덕분에 나는 우리가 최강 팀이 될 뿐만 아니라 이번 시즌이 아주 멋진 시즌이 될 거라고 자부했다. 그들의 눈을 응시하며 우리는 훌륭한 팀이 될 수 있다고 말했다. 그러고는 물었다.

"너희들도 믿지?"

그때 가장 멋진 대답을 크리스에게서 들었다.

"감독님이 말씀하시면 그렇게 되리라 믿습니다."

다음 시즌에서 우리는 통산 29승 5패의 성적에, 애틀랜틱 코스트 컨퍼런스 정규시즌에서는 15승 1패를 기록하며 ACC 우승까지 차지할 수 있었다. 이듬해 셰인 베티어와 네이트 제임스는 2001년 내셔널 챔피언십 우승의 주역들이 되었다.

나와 팀에 어려운 시기가 찾아왔을 때 그들은 내게 진심 어린 관심을 보였고, 이는 내가 긍정적으로 발전할 뿐만 아니라 팀을 최고 수준까지 끌어올리는 데 필요한 원동력이 되었다. '관심' 덕분에 이 모든 것이 가능했다.

헌신
Commitment

37년 전에 아내 미키에게 헌신하겠다고 서약했던 것을 제외하고, 듀크대의 첫 선수담당자였던 톰 버터스(Tom Butters)가 보여 준 헌신은 나의 인생을 송두리째 바꿀 만했다.

2004년, 로스엔젤레스 레이커스 관계자들은 4,000만 달러라는 거액의 연봉을 내걸며 내게 감독직을 제안해 왔다. 며칠 후 가족들과 현재의 위치와 앞으로의 향방을 곰곰이 생각해 보았다. 자성의 시간을 갖는 동안 나는 선수담당자였던 톰 버터스에게 전화를 걸었다.

"감독님, 무슨 일입니까?"

그가 내 목소리를 듣고 다소 놀라며 물었다.

"물어볼 말이 있습니다. 어떤 작자들이 집에 쳐들어와서는 감독을 맡아주면 4,000만 달러를 주겠다고 하더군요. 1980년에 듀크대와 처음 계약했을 때 연봉이 4만 달러였는데 그 이후로 줄곧 듀크대를 떠나지 않았습니다."

"그렇다면 감독님, 채용 인센티브로 10퍼센트는 받아야겠습니다."

톰이 농담 삼아 대답했다.

"여부가 있겠습니까? 당장 4,000달러짜리 수표를 보내 드리죠!"

우리는 껄껄 웃으며 이런저런 이야기를 나누다가 현실 문제를 진지하게 고민했다.

중요한 결정을 앞두고 나는 항상 톰에게 조언을 구한다. 38승 47패로 세 차례의 시즌이 끝난 후에도 그가 한결같이 내게 헌신했던 까닭에 상황은 점차 호전되어 갔다. 언젠가 그가 내게서 등을 돌릴 거라고 생각한 적은 한 번도 없었다. 그가 내게 헌신했고 나를 의심하지 않은 덕에 나도 자신을 의심하지 않았다.

그가 헌신했기 때문에 나는 발전할 수 있었다. 또한 감독직에서 물러날 것을 염려하지 않았다.

일이 잘 풀릴 때는 무언가에 혹은 누군가에게 헌신하기란 그리 어렵지 않다. 승승장구할 때는 아무런 방해를 받지 않기 때문이다. 그러나 곤경에 처했을 때는 헌신이 매우 어려워진다. 그럼에도 톰은 상황에 따라 좌우로 치우치지 않았고, 늘 변함없이 헌신했다. 그 덕에 팀이 이길 가능성은 최고조에 이르렀으며, 우리는 승리할 수 있었다.

17년간 나의 보스였던 그는 항상 본능에 충실하라고 가르쳤다. 형편없는 승률에도 그는 이러쿵저러쿵 개입하지 않았다. 또한 코트 안팎에서 듀크대를 대변하는 사람은 바로 선수들이라는 사실을 누누이 강조했다.

나를 채용하겠다고 결정했던 톰을 생각하니 그저 놀랍기만 했다. 1980년, 면접이 끝난 후 그는 나를 잊을 수가 없었다고 했다. 사실 내가 감독직에 적합하다고는 생각지 않았으나 최종 선발 때는 직감을 따르기로 했다고 수년이 흐른 뒤에야 이야기해 주었다. 그 이후로 우리는 한 팀이 되었다.

2004년 여름에도 그는 조언을 아끼지 않았다. 내 자신의 현재 위치를 파악하고, 하고 싶은 일을 중단하지 말며, 늘 본능에 충실하라고 말했다. 그의 말을 듣고 나니 결정을 내리기가 한결 수월해졌다.

톰이 내게 헌신한 덕분에 나 또한 절대 포기할 수 없는 듀크대에 헌신할 수 있었다. 뿐만 아니라 나 자신에게도 헌신하며 열정이 이끄는 대로 따라갈 것을 주문했다. 톰이 내게 헌신하듯 현역 감독으로서 나 또한 듀크대에 헌신할 것이다.

의존
Dependability

'의존'이란 상대방이 안심하고 의지할 수 있는 상태를 일컫
는다. 남이 의존할 수 있는 대상이 되려면 일단 최선을 다해야
한다.

나는 특별히 칼 립켄(Cal Ripken)을 존경한다. 그는 2,632경기
를 연속으로 출전한 탓에 야구계의 철인으로 통한다. 칼은 아플
때나 병들었을 때 혹은 피곤할 때, 즉 다른 사람이라면 출전하
지 않을 경우에도 주저하지 않고 경기장에 뛰어들었으리라는
생각이 든다. 그러므로 그와 같은 팀의 팀원이 된다는 사실만으

로도 감격하지 않을 수 없으며, 그의 어깨에 항상 기댈 수 있어 든든할 것이다. 칼은 팀을 떠나지 않으며, 팀에게 무엇이든 줄 준비가 되어 있다.

나는 팀원들에게 최상의 컨디션을 유지하는 것이 중요하다는 사실을 주지시키려고 노력한다.

> **❝**서로에게 의지한다면 공동의 목표를
> 성취할 수 있는 가능성이 높아지기 때문이다.**❞**

볼티모어 오리올스에 칼 립켄이 있다면, 우리 집안의 철인은 빌 크루지제프스키다. 그는 시카고 소방서에서 37년간 근무하다가 최근에 은퇴했는데, 단 하루도 결근한 적이 없었다. 그는 화재 사건이라면 피해 상황에 관계없이 든든한 버팀목이 되었고, 솔선수범해서 일을 처리했다. 얼굴이나 한번 보려고 소방서를 방문하면 직원들은 나를 세워두고 "빌 같은 형을 두어 좋겠다."며 칭찬을 아끼지 않았다.

　"빌은 한결같이 저희들 생각뿐입니다. 그래서인지 어떤 분부를 내려도 다들 일절 군말이 없지요."

　3년 반 먼저 태어난 형과 나의 인생은 사뭇 달랐다. 관심사나 재능도 달랐고 친구도 달랐지만 우리는 언제나 형제였다. 그 사실을 생각할 때마다 힘이 생겼다. 문제가 생기면 뒷수습은 항상 형이 도맡았다.

　그는 최선을 다해서 문제를 처리했을 뿐만 아니라 "다 내 덕인 줄 알아."라고 말한 적도 없었다. 생색을 내기 위해서라기보다는 단지 형으로서 동생을 사랑했기 때문에 챙겨준 것이다. 형이라면 그래야 한다. 누구에게나 영웅은 필요한데, 나에겐 '형'이라는 영웅이 있었다.

　누군가의 곁에 항상 있으면서도 그 분야의 최고가 돼야 '의존'의 대상이 될 수 있다. 이는 헌신과 충직함의 결과, 혹은 타인이 의존할 수 있는 사람을 일컫기도 한다. 이를 가르치기 위해 석사학위를 취득할 필요는 없다. 상대방에게 모범을 보이면 되는 것이다. 나는 형에게서 의존이 무엇인지 배웠다.

　나는 종종 이렇게 말한다.

"형 덕분에 동생 노릇을 제대로 했던 것 같아. 지금껏 내가 기대고 존경했던 사람은 형뿐이야."

나는 '철인영웅'이 날 보며 "네가 내 동생이라서 좋다."라고 말할 때 기분이 가장 좋다. 형이 항상 내 곁에 있다는 사실만으로도 커다란 위안이 된다.

"난 우리가 형제라서 좋아."

형이 없었다면 어땠을까?

공감
Empathy

'공감'이란 상대방의 입장에서 생각하는 힘을 일컫는다.

감독과 아버지, 혹은 리더로서 '동료'를 생각해 볼 때 가장 중요한 자질은 바로 공감이 아닌가 싶다. 타인의 입장에 서서 그가 느꼈을 감정을 이해한다면 남들도 당신을 신뢰할 것이다. 그러면 문제에 신속히 대처할 수 있을 뿐만 아니라 좀 더 나은 결과도 기대할 수 있다.

일대일 수비를 지도하거나, 실망한 딸아이를 달랠 때 요구되는 자질이 바로 공감이다. 공감은 말 그대로 타인의 감정을 자신의 것처럼 느낄 수 있는 능력을 말한다. 상대방이 느끼는 감정은 상황에 따라 다르겠지만, 공감을 발휘한다면 상대방은 결코 외롭지 않을 것이다. 또한 입장을 달리 생각하다 보면 상대방의 공감이 발달하는 데도 도움을 줄 수 있다.

지금 4명의 자녀를 둔 큰 딸 데비는 귀감이 될 만한 이야기를 한 적이 있다. 내가 딸아이에게 입장을 바꿔서 생각하는 법을 가르쳐 주었다는 것이다. 그때가 기억난다.

대학에서 오랫동안 사귀었던 남자친구와 헤어진 뒤 집에 왔을 때 데비는 가슴이 찢어지는 아픔을 겪었다. 몇 시간 동안 엄마를 붙잡고 울며불며 자신의 감정을 토로하고는 지친 나머지 잠이 들고 말았다. 그런데 잠이 깬 후에 보니 내가 자기 옆에 앉아서 등을 토닥이고 있더라고 했다. 고개를 돌려 나를 봤을 때 나 역시 울고 있었다.

"아빠, 무슨 일 있으세요?"

딸아이가 물었다.

"너를 생각하니 나도 많이 슬프구나."

나는 정말 슬펐다. 딸의 고통은 곧 나의 고통이었기 때문이다. 이는 우리가 한 가족이자 최고의 팀이라는 방증이다.

타인이 자신의 감정을 이해하고 있다고 느낀다면 그의 감정은 헛된 것이 아니다. 자신의 감정에 다른 사람이 '그럴 만도 하지.'라고 맞장구를 쳐준다면 더 이상 감정에 휘둘리지 않고 더 나은 방향으로 진일보할 가능성이 커진다. 가족이라는 '팀'의 일원은 각 팀원이 느끼는 감정을 진심으로 이해하도록 노력한다.

공감이 십분 발휘된다면 이는 보기에 참으로 아름다울 것이다. 그들이 겪는 시련은 곧 나의 시련이며, 그들의 성공은 곧 나의 성공이다. 슬픈 일이든 기쁜 일이든 모두 하나가 되는 순간들은 결국 발전의 계기가 된다.

당신의 감정을 상대방도 느낀다는 것은 우리가 따로 분리된 존재가 아닌 하나로 뭉친 팀이라는 의미다.

> 모두의 감정을 서로가 공유하는 공감은
> 팀의 유대감을 더욱 돈독하게 만든다.

존중
Respect

'존중' 은 모두를 동등하게 대우하는 태도라고 생각한다.

'드림 팀' 으로 유명했던 1992년 올림픽 대표 팀의 부코치로 기용된 적이 있었다. 마이클 조던, 매직 존슨 그리고 래리 버드와 같은 최고의 선수들로 구성된 팀에서 농구뿐만 아니라 상대방을 '존중' 하는 자세에 대해서도 많은 것을 배웠다.

연습 후에 사이드라인에서 콜라를 마시던 내게 마이클 조던이 다가와 말했다.

"K감독님, 30분 정도 개인연습을 하고 싶은데 한 수 가르쳐

146

주시겠습니까?"

어려운 결정을 내려야 했다. 즉, 당대 최고의 선수와 연습해야 할지, 콜라를 계속 마셔야 할지 말이다. 그때 나는 옳은 결정을 내렸다고 생각한다.

연습 후에 조던은 악수를 청했다.

"감사합니다, 감독님."

마이클 조던은 '감독님' 이라는 호칭과 더불어 "가르쳐 주시겠습니까?" 혹은 "감사합니다."라며 나를 깍듯이 대했다. 당시 그는 최고의 농구선수라는 호평을 받으며 스포츠계뿐만 아니라 세계에서 주목받는 선수였다. 또한 전 세계에서 실력파의 상징으로 인정받던 선수이기도 했다. 그날 나는 조던의 팀원 모두가 서로를 존중한다는 사실을 알았다.

나는 지금까지 어머니만 한 분은 없었다고 여러 번 언급했다. 어머니는 중학교 2학년 때 학교를 그만두고 생계를 위해 시카고 선수 클럽에서 청소를 하셨다. 그래서 나는 어릴 때부터 어머니 덕분에 세계에서 몇 안 되는 인재들이 살아가기 위해 바닥을 청소한다는 걸 배웠다.

> **⁶⁶상대방을 아끼고 존중한다면
> 그도 당신의 발전에 밑거름이 되어줄 수 있다.⁹⁹**

듀크대 관리인인 윌리엄스(D. C. Williams)는 나의 절친한 친구다. 내가 윌리엄스에게 말을 건네고 함께 시간을 보낸다고 하면 많은 사람들이 나를 굉장히 친절하다고 평가한다. 사실 나는 그의 조언과 우정이 타인의 것 못지않게 소중하다고 생각한다.

라커룸을 청소하고 관리했던 윌리엄스는 자신의 책임과 더불어 팀원 모두에게 파급되는 정신을 소유하기도 했다. 어느덧 울려 퍼지는 복음성가 소리에 그가 주변에 있음을 알게 된다. 그는 항상 긍정적인 태도로 자기 일에 최선을 다했다. 자기 일에 자부심을 갖고 있었던 것이다.

그의 일 처리 수준 역시 상당히 높았던 덕에 타인의 수준도 자연히 높아졌다. 쓰레기를 버리면 윌리엄스가 이를 치워야 한다는 것을 잘 알고 있었기 때문에 종잇장도 함부로 버리는 사람이 없었다. 또한 그는 높은 목표의식과 자부심으로 무장한 '성공 분위기'를 조성하는 데도 한몫했다.

듀크대에서 18년간 일해 왔던 윌리엄스에게 라커룸은 크루지제프스키 감독의 것도, 그랜트 힐이나 셰인 베티어의 것도 아니었다. 바로 윌리엄스의 라커룸이었던 것이다. 그가 라커룸의 소유권을 행사한 덕에 우리는 많은 혜택을 누릴 수 있었다.

그는 팀의 분위기나 특정 선수에 대해 자신의 견해를 솔직히 밝혔다.

"감독님, 네이트에게 무슨 문제가 생겼나 봅니다." 혹은 "이번 주는 선수들이 맥을 못 추는 것 같아요."

나는 항상 그의 말을 주의 깊게 들었는데, 틀린 적이 없었다.

지난 20년간 홈경기에서 이길 확률은 굉장히 높았다. 경기가 종료되고 코트를 나올 때면 나는 누구와도 악수를 하거나 대화를 나누지 않는다. 라커룸에 들어가는 팀에 시선을 집중하기 때문이다. 지난 18년 동안 내가 악수를 나눈 사람은 윌리엄스뿐이었다. 그는 항상 같은 장소에서 나를 기다리고 있었다. 승패를 떠나 윌리엄스는 진정한 친구로서 나를 업그레이드시켰다.

2005년 그의 장례식에서 나는 추모연설을 했고, 그의 가족과 친구들을 만날 수 있었다. 그들은 듀크대의 일원이었다는 데 항상 자부심을 가졌다는 고인의 말을 전해 주었다. 또한 살아생전에 윌리엄스가 나를 존중해 준 덕에 그들도 나를 마음에 들어했다.

애초부터 상대방을 배려하지 않았을 때 놓칠 수 있는 것을 모두 생각해 보라. 사람들은 종종 직업이나 옷, 혹은 승용차를 보고 상대방을 판단하기 때문에 '굉장한' 사람들과 친분을 쌓을 수 있는 기회를 놓치고 만다.

윌리엄스는 훌륭했고, 지금도 그가 보고 싶다. 18년 동안 함께 지내면서 그에게서 많은 도움을 받은 데 대해 감사하고 있다. 만약 그를 존중하지 않고, 타인을 소중히 대하는 것이 얼마나 중요한지 몰랐다면 그에게서 도움을 받지 못했을 것이다.

상대방을 배려하는 작은 행동만으로도 훌륭한 인재를 만날 수 있을 뿐만 아니라 그들을 삶 속으로 초대할 수 있을 것이다. 그럴 때 당신의 발전도 기대할 수 있다.

신뢰
Trust

    보람 있고 행복하며 생산적인 삶을 살고 싶어 하는 사람들에게 '신뢰'는 특히 의미심장한 말이 될 것이다.

    '관계'에 대해 신뢰가 갖는 의미만큼이나 신뢰 역시 매우 중요한 키워드다. 5개의 철자로 이루어진 1음절 단어는 인간관계, 즉 일대일 대면이나 팀, 기업 혹은 가족관계의 기본바탕을 상징한다.

    신뢰는 솔직하고 개방적인 커뮤니케이션을 통해 발전한다. 일단 신뢰가 확립되면 공동 목표의 비전을 서로 나누는 것이 가능해진다. 또한 팀에 신뢰가 쌓인다면 당신이 혼자가 아니라는 것을 깨달았을 때 느낄 수 있는 자신감이 한층 강화될 것이다.

공격수를 수비할 때 그가 당신을 재빨리 뚫고 지나갈 수 있다면 당신이 선택할 수 있는 대안은 딱 두 가지다. 즉, 상대 공격수에게 파울을 유도하거나, 동료가 주변에서 수비를 도와주리라 믿는 방법뿐이다. 그런데 우리는 후자를 선호한다. 신뢰감이 뒷받침된다면 불굴의 의지력으로 멋지게 방어를 해낼 수 있다. 신뢰는 팀을 하나로 묶고 팀원 모두에게 자신감을 심어준다.

서로를 신뢰한다면 당신에게는 혼자가 아니라는 생각과 함께, 팀원이 당신을 존중하고 당신 역시 그들을 존중한다는 믿음이 생기게 된다. 그러나 혼자서 해낼 수 있다는 확신이 들지 않을 때 동료들이 당신을 믿는다고 생각하면 강력한 에너지가 솟구칠 것이다. 항상 그런 확신이 드냐고 묻는다면 그렇지는 않을 것이다. 그러나 당신 곁에 믿음직한 동료가 있다는 사실만으로도 자신감이 생길 가능성은 매우 커진다.

신뢰하는 관계를 구축하려면 상대방과 대면해야 한다. 나는 대면을 부정적인 뜻으로 해석하지 않고 단지 '진실을 정면에서 부딪친다' 는 뜻 정도로 생각하고 있다. 내가 상대에게 '멋지다' 혹은 '최선을 다하지 않는다' 고 말했다면 모두 믿어야 한다. 이는 대면을 보여 주는 예로, 서로를 신뢰하는 사이라면 내가 한 말이 진실이라는 것을 누구보다 잘 알 것이다.

동기를 이해하고 의미를 파헤칠 여유는 없다. 상대방과 대면한다면 그 화제가 긍정적이든 부정적이든 상관없이 항상 긍정적인 결과를 가져올 것이다.

나는 시즌 중 적어도 한 번은 라커룸에서 개인면담을 갖고 선수들에게 종종 묻곤 한다.

"둘이 하나보다는 낫지?"

내가 이 기회를 틈타 자기를 시험하리라는 생각에 그들은 선뜻 대답하지 못한다.

"입 뒀다 뭐 하나? 쉬운 질문 아닌가. 둘이 하나보다 낫지 않나?"

내키지는 않겠지만 어쨌든 선수들은 입을 연다.

"감독님, 맞습니다. 둘이 하나보다는 낫죠."

"하지만 꼭 그렇지만은 않지. 둘이 하나이듯 움직여야 하나보다 나은 법이야."

신뢰가 있는 팀은 '하나' 처럼 움직일 수 있는 것이다.

" 신뢰는 당신의 팀과 친구 혹은 가족을
자신 있게 믿는 것이다. "

즉, "나는 당신의 후원자가 되겠습니다."라는 뜻이다. 나의
후원자가 있다면 상대방의 후원자는 내가 되는 것이다. 신뢰는
자신감을 낳고, 자신감이 있는 팀은 수준 높은 팀으로 부상할
수 있다.

용기의 근원, 신뢰

NBA 올스타 선수인 엘튼 브랜드는 로스엔젤레스 클리퍼 소속이며 미국 대표선수이기도 하다. 1998년에 듀크대에서 1학년을 마치기 전 그는 NCAA 지역 챔피언십에서 켄터키대에 패하긴 했지만 비교적 멋진 시즌을 보냈다.

시즌 말이 되면 NBA에서는 특출한 대학선수들을 졸업도 하기 전에 대거 기용한다. 드래프트 순위를 가늠해 보던 나와 엘튼이 내린 결론은 2학년을 마칠 때까지 좀 더 기량을 쌓은 다음, 1999년에 드래프트 순위를 올리자는 것이었다.

명단 제출 마지막 날에 엘튼이 전화를 했다. 방학 기간이라 그는 뉴욕의 집에 있었다. 그는 눈물을 머금으며, NBA 드래프트에 도전해 보라는 주변사람들의 압박이 심하다고 자신의 속사정을 토로했다. 그는 나와 했던 말을 떠올리며 NBA에는 관심이 없다고 말했다. 그는 압력에 굴복하지 않고 나를 믿었으며, 아예 다른 길로 전향해 버리고 싶다고 속내를 털어놓기까지 했다.

문제에 부딪칠 때마다 엘튼 브랜드는 나를 찾아왔다. 그가 잘 되기만을 내가 바란다는 것을 알았기 때문이다. 주변사람들의 요구에 순순히 따를 것인가? 아니면 자신의 소신을 끝까지 지킬 것인가?

그날 저녁, 엘튼 브랜드는 여전히 듀크대 블루데블 팀의 선수였다. NBA에 과감히 거절할 수 있는 용기가 생겼던 것이다. 그는 내게 감사의 말을 전했다.

그해 여름, 엘튼은 미국 굿윌 농구 팀의 주전선수가 되었고 자신의 명성과 기술을 한층 업그레이드시켰다. 1998~1999년 시즌이 시작되기 전, 많은 사람들은 그가 '올해의 선수'로 선정되리라 예상했다.

엘튼은 연초부터 놀라운 경기력을 보여 주었으나 나와 엘튼 자신이 해낼 수 있다고 생각되는 수준까지는 미처 도달하지 못했다. 나는 사무실에서 그와 면담을 갖기로 했고, 진지하게 이야기를 나눈 다음에 두 경기의 라인업에서 엘튼을 제외하겠다고 말했다. 다음 날 아침, 사무실 문을 두드리며 얼굴을

쏙 내민 그가 말했다.

"감독님 말씀이 옳습니다. 다음부터 그런 문제는 굳이 말씀 안 하셔도 됩니다."

그는 나를 여전히 신뢰하고 있었다.

1999년 시즌 말에 엘튼은 올해의 선수로 선정되었고, 듀크대는 내셔널 챔피언십 결승 티켓을 확보했다. 시즌이 끝난 후 나는 이번이야말로 엘튼이 NBA 드래프트에 도전할 적기라고 그의 어머니와 함께 결론을 내렸다. 그는 결국 1999년 NBA 드래프트에서 1순위로 등극했다.

현재 엘튼은 로스엔젤레스 클리퍼스에서 잘나가는 선수가 되었고, 평생 돈 걱정을 하지 않아도 될 만큼 성공했다. 비결을 묻는다면 그는 이렇게 대답할 것이다.

"서로를 믿으면 손해 볼 일은 없다."

커뮤니케이션
Communication

커뮤니케이션은 효과적인 팀워크의 시작과 끝을 장식한다. 커뮤니케이션이란 '메시지를 전달한다' 는 뜻으로, 팀이나 직장 동료 혹은 가족들과의 원활한 커뮤니케이션을 위해서는 다음 두 가지를 꼭 확인해 보아야 한다.

　　□ 어떻게 이야기할 것인가?
　　□ 어떻게 들을 것인가?

동료애로 똘똘 뭉쳤다고 해서 커뮤니케이션이 저절로 이루어지는 것은 아니다.

> 66 팀이 명실상부한 '하나'가 되려면
> 팀원들은 커뮤니케이션을 배우고 연습해야 한다. 99

우리는 말을 할 때 상대방의 눈을 본다. 눈을 보면서 이야기를 하면 서로를 존중한다는 인상을 줄 뿐만 아니라, 진실을 이야기해야겠다는 마음이 생기기도 한다. 거짓말을 하거나 어떤 사실을 어물쩍 넘어가는 태도는 팀의 발전을 저해한다. 일대일 대화가 활성화되고 진실이 통할 때에야 비로소 팀 커뮤니케이션의 기본이 정립되는 것이다.

연습 당일에 나와 코칭스태프들은 세 가지 시스템을 가동시킨다. '금지(X)' 혹은 '허용(O)'되는 것으로 이루어진 '공격·수비 시스템'과 더불어 '커뮤니케이션 시스템'이 있다. 라커룸에서 함께 나눈 대화라든가 실황녹화 시청이나 개별면담 시 나는 선수들에게 상대방의 눈을 응시하라고 말하면서 어려워하지 말고 속내를 털어놓으라고 주문한다.

모임 당일에 우리는 진솔한 커뮤니케이션 시스템을 구축한다. 즉, 팀의 단합을 방해하는 궁색한 변명 따위를 제거함으로써 윗사람이나 아랫사람 할 것 없이 모두가 그룹 커뮤니케이션의 기초를 다지는 것이다.

코트에서 메시지를 전달할 수 있는 시간은 매우 짧다. 그래서 경기가 한창일 때는 말이 달라진다. 이때는 핵심만 간략히 추려서 말하는데, 이런 훈련에 적응하기 위해 우리는 수비와 포지션뿐만 아니라 '말하는 연습'도 실시한다. 어떠한 압력에도 입을 여는 동시에 몸도 같이 움직이며, 손과 머리 또한 반응할 준비를 하는 것이다.

나는 듀크대 농구 팀의 독불장군이 되고 싶은 생각은 없다. 모든 메시지는 각 팀원의 입을 통해서 전달되어야 한다. 따라서 메시지를 전달하는 데 도움이 될 만한 팀원들을 항상 주시한다. 1순위는 바로 스태프들이다.

현역 코칭스태프 중 선수 출신은 3명인데, 이들이 부코치로서 손색이 없는 까닭은 선수들에게 가르쳐 준 팀 문화의 일원이기 때문이다. 젊은 부코치들은 같은 말을 조금씩 달리 표현하거나 스스로 모범을 보임으로써 메시지를 좀 더 효과적으로 전달할 수 있다.

내가 현역선수들보다 40살이나 더 나이가 많다는 사실이 여전히 믿기지는 않지만—사실 누구와 비교해 봐도 나이 차가 그렇게 많지는 않은 것 같은데 말이다!— 어쨌든 코칭스태프들은 나와 현 세대 간의 간격을 좁히는 데도 종종 큰 도움이 된다.

커뮤니케이션의 핵심은 팀원들이 자신의 속내를 어려움 없이 털어놓는 것이다. 팀이나 직장동료, 혹은 가족에게 자신의 생각을 솔직히 털어놓는다면 소속감이 생긴다.

그러나 더 중요한 것은 서로의 눈을 응시하며 의사를 교환하다 보면 서로에게 감출 것이 없다는 사실을 알게 된다는 것이다. 이와 같이 커뮤니케이션에 성공한다면 개인이 모인 단순한 집단에서 진정한 팀으로 거듭나게 될 것이다.

즉각적인 소통의 중요성

몇 년 전의 일이다. 연습에 들어가기 전에 라커룸에서 나름대로 지극히 감동적이었다 싶은 연설을 한 적이 있었다. 굉장히 귀감이 될 만한 연설이었기 때문에 선수 전원이 열정적으로 연습하리라고 생각했다.

라커룸을 나와 코트로 발걸음을 옮길 때 나는 자신이 무척이나 자랑스럽게 느껴졌다. '명연설가를 꼽으라고 한다면 첫째는 마틴 루터 킹이고, 둘째는 링컨 그리고 마지막은 나 크루지제프스키'라는 생각이 들 정도였다. 그러나 코트에 오르자 팀의 열정은 찾아보기 힘들었다. 선수들은 터벅터벅 코트에 오른 후 아무런 말도 하지 않았다.

연습 때 나는 자신을 칭찬할 만한 게 있는지 살피려고 부코치에게 물었다.

"연습은 잘 되고 있나?"

애초에 기대했던 칭찬과는 정반대의 대답이 나왔다.

"감독님께서 말씀하신 걸 전혀 이해하지 못한 것 같아요."

보에치에코브스키 부코치가 말했다. 전혀 기대하지 않았던 대답을 들은 탓에 순간 화가 났다. 그러나 '그가 솔직히 말해 준 덕분에 메시지가 제대로 전달되지 않았다는 사실을 알게 된 것이 아닌가?' 하고 생각을 고쳐먹었다.

나는 관중석으로 선수들을 불러 모은 후 라커룸에서 했던 말을 이해했냐고 물었다. 당시 주장이었던 셰인 베티어가 일어서며 말했다.

"무슨 말씀을 하시는지 전혀 알 수 없었습니다."

그래서 15분 동안 라커룸에서 전달했던 메시지를 30초 분량으로 요약해서 간단하게 말했다. 그러고 나서 셰인에게 메시지를 제대로 이해했는지 즉시 알려달라고 부탁했다. 즉각적인 커뮤니케이션이 필요했던 것이다.

"이젠 알겠습니다, 감독님. 연습 시작하죠!"

이 상황은 내가 팀에 바라는 커뮤니케이션이 무엇인지를 단적으로 보여 준다. 즉, 누구라도 자기의 소신을 거리낌 없이 밝힐 수 있어야 한다는 것이다. 감독인 나는 링컨의 '게티스

버그 연설'을 뺨칠 정도로 연설이 훌륭했다고 자부하더라도 메시지가 제대로 전달되지 않았다면 팀원들은 이를 솔직히 말할 수 있어야 한다. 그러면 코트 안팎을 떠나 주변 환경, 재능 그리고 생각까지도 각각 다른 '무리'가 효과적인 커뮤니케이션 능력을 갖춘 '팀'으로 탈바꿈할 것이다.

가족
Family

지금의 일에 얼마나 발을 들여놓았는지, 혹은 주당 몇 시간 씩 일에 몰두하든 상관없이 팀은 '가족'이란 사실을 항상 기억 해야 한다.

수년 동안 농구감독을 해서인지 나는 가족을 항상 농구 팀과 대등한 것으로 생각해 왔다. 핵심 멤버는 나와 아내 그리고 세 딸로, 다섯이다. 이들은 언제든지 코트 위를 달리는 5명의 선수 들과 같은 존재다. 자기 나름대로의 생활과 관심사가 있으나 각 핵심 멤버로부터 힘을 모으는 우리는 서로 한 가족이다.

수년이 흐른 뒤 세 딸은 결혼했고 손주 다섯을 낳았는데, 아이들은 나를 '퍼피'라고 불렀다. 이는 딸들의 유산이라기보다는 핵심 멤버가 확장되고 있다는 뜻으로 해석하고 있다.

때로는 외부의 의견을 배제해야 할 때도 있다. 다시 말해서 중요한 결정을 내리거나 위기가 닥쳤을 때, 혹은 가족 중 누가 아프거나 도움이 필요할 때 제삼자를 무시하고 핵심 멤버들이 서로를 의지하여 해결책을 강구해야 함을 말한다.

팀원들이 당신의 직무에 기여한다는 것은 곧 핵심 멤버가 탄탄하다는 증거다. 나는 아내와 딸, 혹은 사위나 손자들이 듀크대의 감독 일을 함께 풀어 나가길 바랐다. 연습이나 경기 혹은 팀 순회 경기에서 들러리보다는 적극적인 도우미가 되어줄 것을 권한다. 예컨대 팀에 새로이 시도하려는 것을 말하고 문제가 생기면 그들에게 조언을 구하며 테이프도 함께 분석한다.

딸들은 팀의 연습 상황과 경기력을 분석하거나 상대 팀의 장단점을 파악하기 위해 경기의 녹화 테이프를 보아 왔다. 아이들은 필름이 모두 돌아간 후 프로젝트에서 투영한 흰빛이 한쪽 벽을 비출 때를 기다렸다. 우리는 얼마 동안 그림자놀이를 즐겼다. 그 나이에 테이프 분석이 마음에 들었는지는 알 수 없지만 어쨌든 그림자놀이는 매우 즐거웠다.

가족들 역시 농구부의 일원으로 생각했던 까닭에 선수 모집 차 여러 지역을 장기간 순회할 때도 마음이 편했다. 일과 가족을 따로 구분해 본 적이 없다. 둘 모두가 지금의 나를 만들었을 뿐만 아니라 어느 한 쪽을 잘하면 다른 쪽도 크게 도움을 받을 수 있었다. 이처럼 가까이 지내는 사람들이 당신의 일에 개입할 수 있다면 어려운 일이 닥치더라도 큰 도움을 받을 수 있다. 그들에게 도움받는 것을 거부해서는 안 된다.

2003년 NCAA 토너먼트에서 캔자스에 대패한 후 가족들의 위로를 받은 기억이 아직도 생생하다. 경기 종료 후 가족들이 라커룸에 모였다. 3살배기 손자 조이와 2살배기 마이클도 함께 자리했다. 감독 전용 라커룸에 모인 사람들이 내 주변에 서 있었을 때, 조이는 당당히 걸어와 바지를 슬그머니 끌어당기더니 눈을 보며 말했다.

"퍼피, 너무 실망하지 마세요. 그래도 선수들은 열심히 했잖아요."

그 말에 웃음이 나왔다. 마음 역시 한층 가벼워진 것 같았다. 그 아이 말이 맞았다. 선수들은 최선을 다했다. 나의 상황처럼 가족이 당신 삶의 팀원이 될 수 있다면 3살배기 어린아이도 당신에게 도움을 줄 수 있다.

딸들에게 '아빠 일 좀 도와달라' 던 아내 역시 가족에 늘 헌신했다. 아이들이 커가면서 농구와 관계된 일을 집 안에서는 전혀 찾을 수가 없었다. 트로피나 사진, 심지어는 기념품도 없었다. 가정은 가정다워야 한다는 게 우리의 소신이었기 때문에 가족 사진과 아이들의 상장만을 전시해 놓았다. 당신의 아이들도 가족으로서의 본분이 최우선이라는 것을 명심해야 한다.

나는 가족과 함께 있을 때가 가장 편하기 때문에 팀에서도 '가족적인' 분위기를 연출하려고 노력한다. 또한 업종이 다른 사람들을 만나면 직원들 간이나 조직 내에서도 가족 같은 분위기가 조성돼야 한다고 그들에게 충고한다.

> 66 가족과 함께 지낼 때
> 자신의 정체성이 확립되고,
> 정체성이 확립돼야 최고가 될 수 있다. 99

전폭적인 지지가 가족을 가족답게 한다

1994년, 노스캐롤라이나의 샬롯데에 있을 때 우리는 4강전을 치르고 있었다. 토요일 밤에는 내셔널 챔피언십 결승행을 놓고 플로리다대학과 맞붙을 예정이었다.

둘째 딸 린디는 당시 고등학생이었는데 학교수업을 마치고 주말에 경기장에서 우리와 만나기로 했다.

수업이 끝난 오후 린디는 심부름차 쇼핑센터에 들렀다. 차에서 내리자 총을 소지한 어떤 남자가 딸아이의 차를 타고 달아났다. 다행히 린디는 부상을 입지 않고 쇼핑센터 내에 있는 경찰서로 달려갈 수 있었다. 부모가 출장 중인 상황에서 17살짜리 딸에게 일어난 매우 섬뜩한 사건이었다.

부코치인 토미 아메커(Tommy Amaker)의 아내 스테파니는 정신과 의사였는데, 그녀 역시 듀크대 농구 팀과 인연이 깊었다. 우리는 스테파니에게 아이를 즉시 데려와 달라고 부탁했다.

우리 부부는 린디를 끌어안고 무사해서 천만다행이라고 말했다. 우리는 딸아이 곁에 앉아 질문을 쏟아 내기 시작했다.

"기분은 어떻니?", "그놈이 뭐라고 말하던?", "총은 봤니?", "어떻게 빠져나왔니?", "얼굴은 봤어?" 등등.

질문에 일일이 대답한 린디는 피로감이 역력했지만, 4강전이 시작된다는 생각에 가슴이 들뜨기 시작한 모양이었다. 그럼에도 아내는 계속 질문을 했다.

"인상착의는 어땠니?"

"검은 셔츠에 청바지를 입었고요, 야구 모자를 썼어요."

"모자에는 뭐라고 써 있었니?"

내가 물었다. 린디는 그 이야기를 더 이상 꺼내지 않길 바라듯 내 눈을 보며 말했다.

"네, 플로리다요!"

모자에 '플로리다' 라고 쓰여 있다는 뜻이 아니었다. 걱정해 줘서 고맙지만 지금은 샬롯데에 온 이유를 생각해야 할 때임을 우리에게 말해 주고 싶었던 것이다. 플로리다를 꺾어야 한다고 말이다. 린디는 팀에 힘이 되고 싶다는 제스처를 그런 식으로 보인 것이다.

나는 딸에게 무슨 일은 없었는지 노심초사했지만 당장 눈앞에 놓인 일에 집중할 수 있었다. 딸의 전폭적인 도움을 받고 있었으니 말이다. 결국 우리는 플로리다를 꺾고 내셔널 챔피언십 결승에 진출했다.

아낌없이 주는 도움이야말로 가족을 가족답게 만든다.

우정
Friendship

진정한 친구만큼 소중한 것은 없다. 친구는 당신의 과거와 현재 그리고 미래의 모습을 기억할 수 있도록 도와준다. 그리고 한곳에 머물게 하고, 올바른 방향으로 이끌기도 한다. 때때로 친구의 말을 경청하는 것은 자신의 말에 귀를 기울이는 것과 같다. 친구는 당신의 양심이자 기억의 보고가 될 수도 있다.

나와 가장 가까운 친구는 데니스 밀린스키(Dennis Mlynski)인데, 시카고에서 지낼 때부터 줄곧 '모(Moe)'라고 불렀다. 그를 비롯하여 옛 친구들은 나를 항상 '믹(Mick)'이라고 불렀다. 내 인생 전반에 걸쳐 모 밀린스키는 최고의 서포터 중 하나였다.

그는 친구의 모범이었고 내가 다른 친구들을 챙겨 주는 것보다 나를 더 챙겨 주었다. 나 역시 그가 좋은 친구라고 생각한다.

승리감에 도취됐을 때는 친구인 모도 함께 승리감을 만끽했고, 내가 실패했을 때 그는 내 입장을 십분 이해했다. 또한 인생의 여정 어느 순간에도 빠지지 않고 나를 도와주었다. 항상 함께한다는 것을 알기에 우리는 결코 외롭지 않았다.

특히 지난해 16강에서 루이지애나 주립대에 분패한 후 시즌이 종료되었을 때 모는 내 가족들과 함께 호텔을 찾았다. 모두가 잠자리에 든 후에도 아내 미키와 모는 여전히 이야기를 나누고 있었다.

매 시즌 말이 되면 나는 '약간 색다르게 경기를 했으면 어땠을까?' 혹은 '좀 더 잘할 수 있지는 않았을까?' 하고 고민하며 일과 인생의 현주소를 평가한다. 기분이 한없이 우울해질 땐 감독을 계속해야 할지, 혹은 이 일이 끝나면 무엇이 나를 기다리고 있을지 의구심이 들기도 한다.

"믹!"

모가 불렀다. 어릴 적 이름을 듣기만 해도 정신이 들었다.

"넌 항상 리더가 되고 싶어 했지?"

이 한마디에 그가 옳다는 것을 인정하지 않을 수 없었다. 그날 저녁, 기분이 우울해지면서 감독을 계속해야 할지 의문이 들었다. 하지만 모와 그가 보여 준 우정 덕분에 다음 시즌을 생각할 수 있었고, 가슴이 설렜다. 이야기는 새벽 5시 반까지 이어졌다.

친구란 그런 것이다. 진정한 친구는 당신의 혼란스러운 생각에 귀를 기울인다. 당신을 훤히 꿰뚫고 있는, 솔직한 그를 믿을 수 있기에 친구는 생각을 바로잡는 데 큰 도움이 된다.

성장과 변화를 거듭함에 따라 진정한 친구는 가족의 친구가 되기도 한다. 나는 모의 우정이 어떻게 다음 세대까지 전수되는지 사위를 통해 알게 되었다.

막내딸과 결혼한 크리스 스파톨라(Chris Spatola)는 당시 육군 대위로서 이라크의 바그다드에서 근무하고 있었다. 그는 모에게서 길게 쓴 편지들이 동봉된 소포 몇 개를 받았다고 했다. 나와 마찬가지로 크리스 역시 육군사관학교의 농구 팀 선수였다. 모는 나의 사관학교 농구 프로그램 중 일부와 신문기사를 소포에 담아 보낸 것이다.

나는 그의 말을 믿을 수가 없었다. 그 당시에 모가 나의 경기

174

를 죽 지켜봤고 35년이 넘도록 프로그램과 신문기사를 보관해 왔다는 것, 그리고 소포가 크리스의 마음에 들 거라는 사실을 알 정도로 나의 가족들에게 관심이 많았다는 데 놀랐다. 가족들의 인생 한편에 모가 자리 잡았다는 데 우리는 감사했다.

진정한 친구는 일생을 함께하는 사람이다. 무언가를 반드시 알아야 할 때 친구들은 이를 기억나게 하고, 곤경에 빠졌을 때는 문제를 분명히 해결할 수 있도록 도울 것이다. 그리고 가장 놀라운 사실은 절대 보답을 바라지 않는다는 것이다.

> ❝인생을 살면서 반드시 갖추어야 할 것은
> 그리 많지가 않다.
> 그러나 진정한 친구는 반드시 있어야 한다.❞

모 밀린스키는 나의 '베스트 프렌드' 가 틀림없다.

사랑
Love

1974년, 27살이었던 나는 아내 미키와 함께 농구감독 5년차인 육군대위가 누릴 수 있는 혜택과 생업을 포기했다.

가정을 이룬 지 얼마 안 되었던 탓에 형편은 그다지 여유롭지 못했다. 우리는 4살배기 딸 데비를 데리고 인디애나 주 블루밍턴으로 이사했고, 나는 인디애나주립대의 부코치로 일하기 시작했다. 수업에 출석하고 연구하는 것 외에도 지역 순회 선발 등, 부코치의 역할은 수석 부코치와 대동소이했다.

주말이 되면 어김없이 출장을 다녔다. 그리고 아내는 동네

은행에서 근무하며 생계비를 보탰고, 데비도 열심히 키웠다. 그러다 보니 가족이 함께 모일 시간이 거의 없었고 서로가 멀게만 느껴졌다.

어느 날 저녁, 지역 순회를 마치고 집에 돌아왔을 때 아내와 나는 '서로'에 대해 이야기했다.

"왜 매주 늦는 거죠? 이렇게 사는 게 마음에 드세요?"

지금 사는 꼴이 이렇다며 아내가 말했다.

"한시라도 집에 붙어 있는 날이 없잖아요. 같이 있는 시간을 만들 수는 없는 건가요? 그러려면 왜 결혼을 한 거냐고요."

나는 아내의 질타에 속이 상했고 머리를 두 손으로 감싸 쥐었다.

"모르겠어. 하지만 사랑하니까 그런 거라고 생각해요."

내가 대답했다. 잠시 멈칫하더니 아내는 웃음을 터뜨렸고 그제야 안도감이 들었다. 옳은 대답이었다. 곧 우린 함께 깔깔대며 웃었다.

"당신 말이 맞는 것 같네요."

아내가 말했다.

사랑이 우리의 이성에 항상 들어맞거나 편의에 맞지 않을 수도 있다는 사실을 생각하게 하는 일화다.

겉으로 보기에 형편은 그다지 넉넉하지 않아도 우리는 서로의 사랑을 키우고 가꾸기 위해 노력해야 한다고 늘 다짐했다.

> 66 사랑과 결혼은
> 서로를 발전시키기 위한 과정이라 믿는다. 99

아내와 나는 지금까지 37년을 함께해 왔다. 딸 셋을 두었을 땐, 식구가 늘어나면서 사랑도 더욱 커진다는 것을 깨달았다. 딸들도 자라면서 누군가를 사랑하게 되어 가정을 이루었다. 아이들이 배우자를 선택할 때 나와 아내는 어김없이 묻는다.

"서로를 끌어올려 줄 수 있겠니?"

모두가 자신 있게 대답했다.

"그럼요!"

아이들은 자신의 말을 지켰다. 딸들과 사위들은 서로를 잘 이끌고 또 밀어주었다. 미키와 내가 그랬듯이 말이다.

가족이 늘수록 책임이 늘고 서로의 스케줄이 다른 탓에 사랑을 보여 준다는 것이 다소 어려울 때도 있다. 그러나 우린 서로에게 사랑을 표현할 수 있는 방법, 다들 알고 있거나 전혀 색다른 방법을 항상 찾았다.

아내와 내가 사랑의 기본기를 탄탄히 세우고, 딸과 그들의 가정에까지 사랑을 물려준 덕에 사랑은 듀크대 농구 팀에까지 확산되었다. 나는 부코치와 선수들 모두를 사랑한다. 아내와 딸들 역시 그렇다. 스태프와 선수들이 함께 모이면 나는 아내와 가족처럼 유대감을 더욱 돈독히 하고, 사랑을 표현할 수 있는 방법을 찾는다.

난관에 부딪힐 때면 그러기가 힘들겠지만, 그럼에도 이 일을 하는 까닭을 자신에게 묻는다면 '사랑하기 때문'이라고 말할 것이다.

Part 4

기억하라! 행동하라!
그리고 성공하라!

동기
Motivation

동기란 목표를 성취하기 위해 필요한 '추가동력'을 일컫는다.

동기를 부여할 수 있는 방법을 짜낼 수는 없다. 다만 '필 (Feel)'을 통해 의욕을 고취시켜야 하는 것이다. 그러려면 일단 사람들을 파악해야 한다.

동기를 부여할 수 있는 좋은 방법 중 하나는 훌륭한 동료들과 어울리는 것이다. 어머니는 이를 잘 가르쳐 주셨다. 고등학교 첫 등교 날 아침에 대문을 나올 때 어머니께서 말씀하셨다.

"버스 잘 보고 타거라."

"저도 알아요. 다멘–아미티지행이나 디비전–랜드……."

"그 말을 하려던 게 아니란다."

어머니께선 고등학교에 가면 사람들도 많이 만나고, 새로운 것들도 많이 배울 거라고 말씀하셨다. 어머니는 내가 버스 안에서 품행이 바른 사람들을 선택하길 바라셨고, 그릇된 길로 인도하려는 사람들이 탄 버스에는 타지 않기를 바라셨다. 다시 말해서 훌륭한 팀에 속하라고 당부하신 것이다.

미 육군, 듀크대학교, 그리고 성당과 가족 등, 지금까지 흠잡을 데 없는 팀에 속한 것을 감사하게 생각한다. 그동안 몸담았던 팀은 모두 나에게 동기를 부여했다.

인격이 바른 사람들과 한 버스에 탔다면 그 사람들과 함께 있는 것만으로도 서로에게 동기가 부여된다. 그러면 승리하는 분위기와 태도가 만들어진다.

일단 버스를 잘 탔다는 확신이 들면 주변 사람들과 친밀한 관계를 도모해야 한다. 나의 경우, 이는 선수 드래프트 절차에서 시작된다. 장학생을 선정할 때 상당히 까다로워지므로 나는 미리부터 선수들을 많이 기용하지 않는다.

사실 듀크대에서 스물여섯 번의 시즌을 거치면서 장학금을 전부 수여한 적은 한 번도 없었다. 장학금 종류를 늘리면 때때로 팀의 유대감이 떨어지고 서로의 관계도 멀어지기 때문이다. 물론 재능 있는 젊은 선수를 기용하지만 팀원이 되는 데 필요한 자질과 가치관이 있고, 비전을 공유할 수 있는 선수들도 등용하고 있다. 인성을 갖춘 선수들 말이다.

관계를 개선하는 데는 시간이 필요하다. 농구의 기본기를 다지고 공격과 수비의 개념을 철저히 교육할 때도 있지만, 코트 밖에서 서로 이야기하고 어울릴 때도 있다. 선수들마다 소통방식은 각기 다르다. 리더는 "감독님, 힘들어 죽겠어요."라는 선수들의 말이나 이를 나타내는 행동이나 표정 따위를 포착해야 한다.

감독으로서 매력을 느끼는 부분은 선수들이 자신의 감정을 어떻게 표출하는지 파악하는 것이다. 커뮤니케이션 방식은 수도 없이 많다. 그래서 나는 선수들의 표현에 대응하는 법도 배워야 한다.

나의 첫 번째 목표는 각 선수들, 혹은 팀 전체가 전달하려는 메시지를 분명히 아는 법을 배우는 것이다. 이에 좀 더 신속히, 효과적으로 대응한다면 감독으로서의 자질도 점차 업그레이드

된다.

버스 탑승객들을 하나둘 알고 지내다 보면 그들 나름대로 동기부여가 필요하다는 것을 알게 된다. 그런데 특별한 '동기부여 공식'은 없다. 나는 '필(feel)'이 꽂히면 동기가 생긴다. 등을 두드리거나 껴안거나 혹은 소리를 질러야 할 때가 있다.

경기가 있기 직전 라커룸에 모였을 때, 나는 영화 '브레이브 하트'의 주인공처럼 감동적으로 연설하지 않는다. 때때로 선수들의 눈을 보면 만반의 준비가 되었는지 알 수 있다. 즉, 동기를 부여하려면 융통성이 있어야 하며 어느 때에 어떤 방법을 써야 할지 알 수 있을 정도로 사람들을 훤히 알고 있어야 한다. 이런 상황에서 나는 마음이 이끄는 대로 따라가는 편이다. 선수들이나 팀에 본능적으로 대응하는 것이다.

가끔은 내가 버스를 운전하지 않을 때도 있다. 다른 사람에게 핸들을 넘겨야 할 때도 있다는 말이다. 경기 전 아무런 말이 없을 때 오히려 선수들의 생각이 집중되기도 하고, 스티브 보에치에코브스키 부코치나 크리스 듀혼(Chris Duhon)이 팀의 주장으로서 이야기해야 할 때가 있는 것이다. 팀의 의욕을 고취시키는 데 한 사람만으로는 어림도 없다. 버스에 탄 모든 사람들이 서로에게 의욕과 신뢰감 그리고 팀에 헌신하는 마음을 심어 줄 수 있다.

수년 동안 나는 선수들의 말과 표정을 통해 동기를 얻었다. 데이빗, 빌리, 토미, 데니, 토니, 트레이전과 크리스, 그리고 벤치에서 경기를 기대했던 수많은 선수들을 볼 때 나는 더 훌륭한 리더가 되어야겠다는 자극을 받았다.

66 서로에게 동기를 부여할 때,
버스도 종착지까지 멋지게 달릴 것이다. 99

기준
Standards

'기준'이란 목표로 삼는 실력 수준을 설정하는 것을 일컫는다.

2004년 컨퍼런스 경기에서 2연패한 뒤 우리는 더햄으로 가는 버스에 올랐다. 보통 패배한 후에는 앞으로 어떻게 대응해야 할지를 의논한다. 이때 나는 머릿속에 일정한 구도를 잡는데, 이는 해결책이라고 보기엔 힘들겠지만 적어도 팀의 향방은 제시해 준다.

나는 세 시간이면 목적지에 도착하는 버스 안에서 두 시간

반 동안 머릿속에 떠오른 여러 가지 대응책을 한 가지씩 검토했다. 그러나 결론은 '우리가 졌다'는 사실로 수렴됐다.

나는 스태프에게 푸념을 늘어놓았다.

"이런 말은 한 적이 없네만, 왠지 감정과 직관력이 무뎌졌다는 생각이 드네. 본능적인 감각이 상실되었다는 생각이 드는데 왜일까?"

나는 오랫동안 격의 없이 지내던 조니 도킨스 부코치에게 시선을 돌리며 말했다.

"앞으로 어떻게 해야 할지 감이 잡히지 않아."

그러자 조니는 팔에 손을 대며 이렇게 말했다.

"감독님, 이게 다 기준 문제 아니겠습니까?"

늘 그렇듯이 과묵하긴 하나 당당하고 믿음직스러운 어조로 그가 말했다.

조니는 문제를 정확하게 짚어냈다. 갑자기 감독 본능이 회복된 듯했고 스태프와 나는 앞으로 반격할 계획을 세웠다.

캐머론 실내 경기장에 도착하자 나는 라커룸에서 비상회의를 열 거라고 말했다. 그리고 회의에서 조니의 말을 선수들에게 계속 인용하면서 문제는 패배가 아닌 '기준'임을 강조했다. 듀크대학에 걸맞은 수준으로 경기를 주도해야 했던 것이다.

우리는 그러지 못했을 뿐만 아니라 오히려 기준을 떨어뜨리는 우를 범하고 말았다. 수비수들은 사력을 다해 뛰지 않았고 때때로 공격 리바운드를 허용했으며, 공격 시 개인플레이를 어물쩍 넘어가기도 했다. 최선은 다하지 않으면서 전과 같은 승리의 쾌감만을 기대했던 것이다.

> " 기준은 개인 혹은 팀에
> 허용되는 일과 그렇지 않은 일을 규정한다. "

기준을 낮추는 사람은 "항상 최고가 될 수는 없지 않은가?" 라고 말한다. 결국 그의 성공률은 팀워크와 스포츠맨십 그리고 자존감과 동반 하락할 수밖에 없는 것이다. 우리는 본래의 실력 수준으로 돌아가야 한다고 다짐했다.

듀크대가 NCAA 토너먼트 경기에서 실망스레 패한 뒤, 스티브 델몬트(Steve Delmont)라는 친구는 "보통 사람은 항상 최선을 다했다고 말한다."라는 장 지로두(Jean Giraudoux)의 말을 적어 보냈다.

기준이 낮으면 매일 혹은 매년 이를 충족시키기는 쉬운 법이다. 그러나 기준을 최고 수준에 두었다면 이에 미치지 못할 경우도 생길 것이다.

사실 매 경기를 이겨야 한다는 법은 없다. 그러나 패배 혹은 실패한 경험이 기준을 깎아내리는 게 문제인 것이다. 기준에는 손을 대서는 안 된다. 목표는 크게 세우고 매일 그 목표를 달성하기 위해 최선을 다해야 한다. 그럴 수 있다면 자신의 일에 긍지를 갖게 될 것이다.

'문제는 항상 기준 설정에서부터 비롯된다' 는 사실을 가르쳐 준 동료, 조니와 스티브를 알게 되어 감사할 따름이다.

기본기
Fundamentals

특정 업종에 오랫동안 종사하거나 나처럼 기나긴 시즌을 거치다 보면 점점 복잡해지는 일에 옴짝달싹하지 못해 그만 기본원칙을 잊는 경우가 종종 생긴다. 따라서 기본바탕이 제대로 깔려 있는지 자신과 팀에 주지시키고, 그 위에서 연습을 통해 실력을 향상시키는 것은 매우 중요하다. 여기서 '기본바탕'이란 당신의 실력이 자라는 토양과도 같다. 그리고 연습은 토양을 기름지게 만든다.

친구인 스티브 와인과 라스베이거스 리조트에서 저녁을 먹던 중에 뜻밖에도 기본바탕의 중요성을 새삼 느끼게 되었다. 아내 엘레인과 함께 세계에서 가장 화려한 리조트를 건설한 스티브는, 최근에 제작한 명작의 이면에 숨겨진 단순하고 심오한 컨셉을 이야기했다.

'와인'이란 이름이 첫눈에 들어오는 신축 호텔과 카지노에 들어섰을 때 그는 '기본기'에 충실해야겠다고 말했다. 그는 미라지 앤 벨라지오(Mirage and Bellagio) 같이 웅장한 빌딩을 건설한 후, 호텔업계에서 할 수 있는 참신한 일은 더 이상 없다고 생각했다. 그래서 기본원칙으로 돌아갔던 것이다. 그는 와인 리조트 빌딩을 뒤로한 채 문득 스친 생각이 '더 나은 기본원칙'이었다고 밝혔다.

스티브 부부는 다음 몇 해 동안 기본원칙을 따랐다. 예컨대 벽지도 최고급을 쓰고, 각 방과 엘리베이터 사이의 거리도 관리가 가능하도록 바꾸었으며, 호텔 도처에 상쾌하고 은은한 향기가 배도록 했다.

와인 호텔의 단골이었던 나는 기본원칙이 절대적으로 중요하다는 증거를 얼마든지 댈 수 있다.

이는 농구나 비즈니스 할 것 없이 모두 마찬가지다. 복잡한 계획을 짜낼 때는 좀 더 창의력을 발휘하려고 노력한다. 수년 동안 감독 생활을 해온 탓에 아무리 베테랑 팀이어도 기초가 탄탄해야 한다는 사실을 잊을 때가 가끔 있다. 스티브의 말은 옳다. 그래서 기본으로 돌아가면 최고가 될 수 있다고 자신에게 다짐한다.

기본기를 습관화하려면 깊이 있고 지적인, 그리고 반복적인 연습이 필요하다. 이 중 하나라도 부족하다면 기본기는 흐려질 것이다. 그래서 시즌 말에도 연습 때마다 팀이 항상 기본기를 터득할 수 있도록 노력하고 있다. 나는 기본기의 교육방침을 늘 되뇐다.

**❝듣기만 하면 곧 잊어버린다.
눈으로 기억하고, 몸으로 뛰며, 머리로 이해하라.❞**

기본기가 습관화되어야만 비로소 진정한 이해가 가능할 수 있다.

스태프가 어떻게 기본기를 다지는지 배우고 싶어 하는 전 세계의 아이들 – 8살에서 18살까지 – 을 대상으로 우리는 매년 여름 '듀크 농구 캠프'를 개최한다.

언젠가는 캠프에 참가한 어머니들이 등록처에 있던 내게 와서는 자기 아들이 3회 코스 중 두 번은 참여할 거라고 말했다. '기본기의 중요성을 제대로 이해하고 있는 분'이라는 생각이 들었다.

한 어머니는 캠프 2주차엔 무엇이 달라지는지 물었는데, 1주차와 거의 비슷할 거라고 말했다. 감독과 경쟁방식이 달라지기는 하지만 핵심은 역시 농구의 기본기에 맞춰지기 때문이다. 그리고 습관화된 기본기와 캠프의 훈련 단계도 빼놓지 않고 설명했다. 2주 동안 계속 훈련한다면 집에 돌아갈 때쯤엔 몸도 건강해질 거라고 덧붙였다.

실력을 키우고 싶다면 끊임없이 기본기를 다져야 한다.

하계캠프에 참가한 아이들부터 스티브 와인처럼 이미 성공을 맛본 사람까지, 모두 깊이 있고 지적이며 반복적인 훈련을 해야 기본기에 충실할 수 있다는 사실을 기억한다는 게 놀랍기만 하다.

융통성
Adaptability

웨스트포인트(미 육군사관학교)의 포인트가드 시절에, 나는 그이름도 유명한 밥 나이트 감독 밑에서 농구를 배웠다. 강직했던 그는 그 시대 최고의 감독이었다.

당시 하루도 빠짐없이 실시했던 연습 중에 '지그재그'라 불리는 것이 있었다. 이는 수비 훈련치고는 매우 어려웠을 뿐만 아니라, 한 번 하고 나면 온몸이 축 늘어질 정도로 힘겨운 훈련이었다. 따지고 보면 이보다 더 효과적인 훈련은 없었지만, 우리는 지그재그가 늘 두렵기만 했다. 그러나 이를 피할 수 없다는 것 또한 잘 알고 있었다.

5년이 지나 육군복무를 마친 1974~1975년 시즌에는 밥 나이트 감독과 다시 합류하여 인디애나 주에서 부코치로 활동했다. 그때 본격적인 감독 수업이 시작되었는데, 스포츠계에서 최고의 기량을 발휘했던 감독과 스캇 메이(Scott May), 켄트 벤슨(Kent Benson) 그리고 퀸 버크너(Quinn Buckner) 등등 기라성 같은 선수들과 함께할 수 있어 매우 뿌듯했다.

시즌 첫 연습 때는 경기장에 있는 것만으로도 가슴이 설렜다.

그런데 '지그재그' 훈련이 눈에 띄지 않자 의문이 생겼다. 연습 후 라커룸에서 감독님께 이를 말씀드려야 할지 고민했으나 그러지 않는 편이 낫겠다고 생각했다. '내일은 하겠지.' 라며 넘겨짚었던 것이다.

다음 날, 힘겨운 훈련이 또 한 차례 시작되었다. 그러나 끝날 때까지 지그재그는 보이지 않았다. 밥 감독의 표정이 밝은 것을 보니 기분이 좋은 듯하여 안심하고 말을 꺼냈다.

"감독님."

"무슨 일인가?"

'말을 꺼내는 것이 실수가 아닐까' 하고 망설이긴 했지만 돌이키기엔 이미 늦은 탓에 말을 이었다.

"사관학교에 있을 땐 지그재그를 매일 시키셨는데, 왜 이 팀은 한 번도 하지 않는 겁니까?"

그는 조용히 다가와서 내 어깨에 손을 올리며 말했다.

"마이크, 너와 퀸은 달라도 한참 다르단다."

그렇다. 어떤 팀에는 '지그재그'와 같은 훈련이 꼭 필요하지만 다른 팀에는 그렇지 않을 수도 있다. 본인의 실력에 따라 훈련도 달라져야 하는 것이다. 마이크 크루지제프스키가 매일 해야 하는 훈련이라고 해서 퀸 버그너도 이를 매일 하거나 꼭 해야 한다는 법은 없다.

선수들은 제각기 다르며 똑같은 팀이란 존재하지 않는다. 따라서 한 가지 공식을 선수들이나 팀에 무작정 대입해선 곤란하다.

또한 훌륭한 교육자들에게서 한 수 배워야 한다. 나는 당대최고의 감독을 스승으로 삼았다. 밥 감독은 내게 열정과 헌신, 인내와 집중력뿐만 아니라 융통성도 가르쳤다.

그가 가르쳐 준 교훈을 본받아 듀크대 감독이 된 이후에도 항상 다른 연습 계획을 사용하고 있다. 가르칠 때도 잊지 말아야 하는 것은 어제 가르쳤던 팀원이 1년, 혹은 10년 전의 팀원과 같지 않다는 사실이다.

팀과 당신의 '지금 상황'에 알맞게 계획을 짜야 한다. 또한 융통성을 발휘하는 데 주저해서는 안 된다. 그래야 성공할 수 있다.

노력
Work

포부만으로는 부족하다. 성공하려면 포부는 노력과 결합해야 한다.

나는 노력하는 사람을 좋아한다. 나 또한 노력하며 팀도 노력해야 한다고 늘 강조한다. 어떤 사람들은 '열심히 해보라'는 말에 '싫다'고 대꾸한다. 나는 열심히 노력했을 때 얻을 수 있는 결과를 생각하며 흥분하는 선수들을 가르치고 싶다.

나는 '열심히 일하는 분위기' 속에서 자랐다. 아버지는 시카고에서 엘리베이터 기사로 일하셨고, 어머니는 시카고 선수 클럽에서 청소부로 근무하셨다. 편찮으시거나 피곤하셔도 항상 열심히 일하셨다. 직업에도 존엄성이 있다고 생각하셨기 때문이다. 나는 가톨릭학교와 육군사관학교를 거치면서 선생님과 감독에게서도 많은 것을 배웠다.

발전하고 싶다면 노력해야 한다. '노력'이란 훌륭한 사람이 되기 위해 반드시 따라가야 하는 길이기 때문이다. 현존하는 최고의 선수들이 가장 노력을 많이 한다는 사실은 우연이 아니다. 1992년의 올림픽 '드림 팀'에서 부코치로 있을 때, 세계 최고라는 찬사를 받던 선수들조차도 짬을 내어 연습에 몰두하는 모습을 볼 수 있었다.

데이빗 로빈슨(David Robinson), 칼 말론(Karl Malone) 그리고 크리스 멀린(Chris Mullin)은 정규연습이 끝나도 매일 연습을 게을리 하지 않았다. 이른 아침에는 트레이닝을 했고 정규연습 후에는 슈팅연습을 추가했다. 그들은 노력을 특출한 선수로 거듭나기 위한 필수과정으로 생각했던 것이다.

나는 선수들에게 노력의 의미를 기억하고 이해할 수 있도록 그와 관련된 격언이나 기삿거리를 종종 읽어 준다. 당대 최고의 감독 존 우든(John Wooden)이 남긴 말이 마음에 든다.

> **❝**직접 뛰어들지 않으면
> 아무것도 얻을 수 없다.**❞**

즉, 훌륭한 계획과 완벽한 공격, 수비 전략 그리고 재능까지 겸비했다고 해도 노력이 뒷받침되지 않는다면 계획은 계획으로 끝나버린다는 말이다.

전설적인 NBA 감독 제리 웨스트(Jerry West)의 말도 선수들과 종종 나누고 있다. 그는 이렇게 말했다.

"기분이 좋은 날만 열심히 한다면 큰 성과를 거둘 수 없다."

노력은 지속적으로 이루어져야 하며, 일이 잘 풀릴 때만 노력해서는 안 된다. 항상 최고의 기량을 발휘하려면 전심전력으로 인내하며 연습해야 한다. 평소 열심히 연습하는 사람들은 경기 상황에 관계없이 실전경기에서도 전력을 다한다. 결국엔 실전과 연습경기의 구분이 없는 사람이 된다.

로저 스타바크(Roger Staubach)는 다음과 같이 말했다.

"괄목할 만한 업적을 이루려면 눈에 띄지 않는 준비가 항상 선행돼야 한다."

물론 전력으로 노력한다는 것은 재미있지도 매력적이지도 않은 일이다. 그러나 밥 나이트 감독이 가르쳐 주었듯이 승자는 이기기 위해 늘 준비한다.

이기고 싶지 않은 사람은 아무도 없을 것이다. 진정한 승자는 이기기 위해 시간과 노력을 기꺼이 투자하는 사람이다. 노력하는 사람은 이겨 마땅한 사람의 자격을 얻는다. 나는 당신이 이길 만한 사람이 아니라면 늘 패배할 거라 확신한다.

노력을 게을리하지 않는 선수들을 수년 동안 가르쳤다는 것은 놀라운 축복이 아닐 수 없다. 바비 헐리는 연습이 끝난 후에도 스테어매스터(계단을 오르는 것처럼 다리를 움직이게 해서 심장기능을 증진시키는 운동기구)로 체력을 다지며 최소 30분 동안 운동했다. 몸이 마음에게 '좀 쉬엄쉬엄하자'고 말하지 못하게 했던 것이다.

늘 노력하면 성공할 수 있다는 것을 보여 준 선수는 쉘든 윌리엄스와 레딕이다. 두 선수는 연습을 하루도 빼먹은 적이 없었으며 경기라면 모조리 참가하고 싶어 했다. 또한 연습이 끝나도 체력을 다지기 위해 운동을 계속했다.

포부도 컸지만 그것만으로는 충분치 않다는 것을 이들은 잘 알고 있었다.

> "노력과 포부가 결합했을 때
> 그들은 성공할 수 있었다."

주인의식
Ownership

우리가 가진 것은 무엇이든 아끼고 잘 보살펴야 한다.

어머니는 형편이 넉넉하지 않으셨다. 그래도 가진 것은 모두 소중히 다루셨다. 어느 날 버스에서 내렸을 때, 어머니는 핸드백을 소매치기하려는 젊은 남자들 셋에게 공격을 당하셨다. 그들은 어머니를 쓰러뜨리고는 핸드백을 힘껏 잡아당겼다.

그러나 어머니는 결코 굴복하지 않으셨다. 사람들이 접근하자 그들은 달아나 버렸다. 그 일이 있은 후, 나와 형은 어머니께 여쭈었다.

"핸드백을 그냥 주지 그러셨어요? 다치기라도 하면 어쩌시려고요."

그러자 어머니께서 말씀하셨다.

"내 핸드백이지 걔들 것이 아니잖니."

나는 동네 사람들과 어머니께 '주인의식'을 배웠다. 풍요로운 부자 동네는 아니었지만, 이를 가꾸기 위해 시간과 노력을 아끼지 않던 주민들 덕분에 살기 좋은 마을이 되었다. 꽃을 심고 보도를 빗자루로 쓰는 사람들이 매일 눈에 띄었다. '내 마을'이라는 생각으로 동네를 발전시키기 위해 자신의 노력을 아끼지 않았던 것이다. 마을을 가꾸는 어른들을 보면서 나도 근본 바탕이 차츰 달라졌다. 무언가를 소유하고 있다면 이를 잘 가꿔야 한다는 것을 배운 것이다.

듀크대에서 스태프와 나는 모두가 '내 학교'라고 생각하는 풍토를 만들려고 노력하고 있다. 선수들과 매니저 그리고 스태프는 주인의식이야말로 자긍심과 의욕을 북돋는다고 생각한다. 그러나 가장 중요한 사실은, 그런 의욕을 통해 우리는 프로그램을 관리하고 신뢰할 뿐만 아니라 그 수준을 끌어올리게 된다는 것이다.

팀의 모든 일은 리더가 좌우해야 한다고 오해하는 사람들이 종종 있다. 그러나 팀원 모두에게 주인의식을 심어 줘야 한다는 게 나의 리더십 철학이다.

마차바퀴가 팀이고, 리더인 당신이 중심축이라고 생각해 보라. 바큇살은 가장자리인 팀원들로부터 중심인 리더에게까지 연결되는데, 이는 팀원과 리더와의 관계를 잘 대변해 준다. 당신 팀도 이와 같다면, 중심축이 빠졌을 때 바퀴가 어떻게 될지 생각해 보라. 리더가 없다면 팀 전체는 무너질 것이다.

나는 리더와의 직접적인 관계보다는 팀원 모두가 서로 유대감을 조성해야 한다고 강조했다. 그것이 개인보다 훨씬 더 막강한 팀을 만들기 위한 효과적이고 색다른 운영방식임을 알게 되었기 때문이다. 그러면 바큇살은 선수에게서 감독에게 연결될 뿐만 아니라, 선수들끼리 혹은 부코치와 선수들, 매니저와 부코치에게로 촘촘히 연결될 것이다.

만약 이런 관계가 확립된다면 중심축이 제거되더라도 바퀴는 제자리를 지키게 될 것이다. 결국 마차 바퀴의 중심축은 개인이 아니다. '상호 간의 주인의식' 이 바퀴를, 그리고 마차를 지탱하는 것이다.

" 주인의식을 모두가 공유한다면
우리의 것을 스스로가 소중히 가꾸게 될 것이다. "

팀은 우리 모두의 것이며 이를 유지하고 그 가치를 보호할 책임은 우리에게 있다. 단지 우리의 것이기 때문에 말이다.

팬들 또한 팀이라는 집의 주인이다

홈 경기장인 캐머론 실내 경기장에서 학생들과 '캐머론 크레이지스' 팬들이 응원 열기를 돋울 때 그들은 짧은 가락의 노래를 부른다. "우리 집…… 우리 집…… 우리 집!" 하고 말이다. 이를 티셔츠에 새기고 다니는 학생들도 많다. '우리 집'이라는 메시지는 우리 것을 소중히 지켜야 한다는 뜻을 담고 있다.

듀크대 학생들은 자신이 팀원이라는 생각을 갖고 있다. 그들은 명실상부한 '벤치수호자'들이다. 그들은 팀의 경기보다는 팀의 일원이라는 사실에 흥분한다. 팀은 그들의 것이기도 하다. 선수들과 스태프 그리고 학생들은 최고의 자부심과 성실함을 가지고 무엇을 하든 듀크대 학생으로서의 의무를 다해야 한다. 응원 소리를 들으면 모두가 하나의 지붕을 이루어 우리의 것을 소중히 간직하고 보호해야겠다고 다짐할 수

밖에 없다.

모두가 팀원이며 이들 모두가 중요한 존재라는 사실을 느낄
수 있는 분위기를 조성하고 싶다.

그렇다! 모두가 주인의식을 갖는다면 바퀴는 결코 주저앉지
않을 것이다.

지도력
Guidance

지도한다는 것은 곧 '돕는다' 는 뜻이다. 누구에게나 도움은 필요하다. 그렇다면 어떻게 도움을 받고, 어떻게 줄 것인가?

알고 지내는 사람이 지도편달을 부탁하면 뭐라 말해야 할지 막막한 경우가 종종 있을 것이다. 따지고 보면 그들의 인생은 당신의 인생이 아니기 때문에 그들이 직면한 상황은 그들 자신이 훨씬 잘 알고 있을 것이다. 그러나 친분이 있기에 그들의 입장에서 생각해 보고 어떻게든 도와주려 하는 게 인지상정이다.

리더이자 교육자인 사람은 제대로 지도하는 법을 반드시 알아야 한다. 그러나 누군가를 지도한다는 것은 매우 어려운 일이며, 능숙하게 지도할 수 있는 사람도 거의 없다.

웨버 고등학교 재학 시절, 기하학 교사였던 로그 신부님은 '지도'가 무엇인지 정확히 알고 계셨다. 나는 엄격한 가톨릭 가정에서 자랐고 가톨릭 남학교를 다녔다. 그러나 신앙을 이해할 수 없었다.

십 대가 되자 여러 가지 의문이 생기기 시작했다. 하지만 집안 분위기상 묻기는 힘들었다. 어떻게 말을 꺼내야 할지조차 모를 때도 있었고 바보 취급을 당할까봐 묻기 싫을 때도 있었다. 십 대들은 바보로 몰리는 게 두려워서 기를 제대로 펴지 못할 때가 종종 있다. 로그 신부님은 나를 가르치셨고 선수들과도 많은 일을 하셨기 때문에 신뢰가 돈독했다. 특히 작은 문제라도 생기면 곧바로 눈치챌 정도로 나를 잘 아셨다.

어느 날 농구연습을 마친 후, 신부님은 텅 빈 레스토랑에서 단 둘이 만나자고 말씀하셨다.

"무슨 고민이 있는 것 같은데 솔직히 말해 보렴."

그러고는 고민이 생긴 십 대의 말에 최선을 다해 귀를 기울이셨다. 기꺼이 내 말을 들어주셨고, 조금도 끼어들지 않으셨다. 그분은 문제를 분명히 밝히는 데 도움을 주려고 노력하시면서 상담을 통해 그저 해결책을 제시하는 것이 아니라, 이를 내가 직접 찾을 수 있도록 길을 안내해 주셨다. 덕분에 내가 알지 못했고 감히 물을 수도 없었던 문제를 명쾌히 풀 수 있었다.

그 후 나는 일이 생길 때마다 로그 신부님을 찾아갔다. 그때마다 신부님은 지도한다는 게 무엇인지 내게 가르쳐 주셨다. 그냥 '안내'하면 된다고 말이다.

당신이 신뢰하고 존경하는 사람을 찾아가 그의 조언을 들을 때 기억해야 할 게 있다. 바로 해결책이란 주관적이라는 것이다. 그것은 이미 당신의 것이므로 해결책의 소유권을 떳떳하게 주장해야 한다.

나는 대학 농구감독으로서 인생의 일대 전환기를 겪고 있는 젊은이들과 호흡을 맞추고 있다. 고등학생에서 대학생으로의 전환기 때는 정신적, 정서적 발전이 일어난다. 이런 인상적인 시기에 나는 그들 삶의 일부일 뿐만 아니라 감독이자 친구이며, 그들이 대학에서 사회로 진출하는 멋진 과도기를 벗어나도록 돕는 조력자이기도 하다.

내가 로그 신부님과 처음 이야기를 나누었을 때 품었던 의문

점과 당시 느끼고 있던 감정을, 그 연약한 시기를 겪고 있는 젊은 선수들도 똑같이 품으며 느낄 거라는 사실을 안다. 나에게 먹혀들었거나 과거의 선배들이 효과를 본 해결책을 그들에게 제시할 수는 없다. 내게 효과가 있었다고 해서 그들에게 효과가 있을 리 만무하기 때문이다.

나의 본분은 선수들 스스로가 자신만의 해결책을 찾을 수 있도록 길을 제시하는 것이다. 그렇게 얻은 것은 그들만의 해결책이 되며, 그들은 자부심을 가지고 이에 순순히 따를 것이다.

> 문제에 따른 길을 제시해야
> 새로운 문제에 봉착하더라도
> 상대방이 계속해서 그 길에서 이탈하지 않는다.

문화
Culture

"슛을 넣는 것은 중요하다. 그러나 슛을 쏘는 사람은 더 중요하다."

문화를 개발한다는 것은 팀의 규범을 유지하는 '전통'을 가진다는 말이다. 스포츠에 관련된 사람들이 흔히 저지르는 잘못은 사람들을 파악하는 시간보다 선수들이 '해도 되는 일,' 혹은 '해서는 안 되는 일'을 판단하는 데 시간을 더 많이 투자한다는 것이다.

문화를 창출하고 가꾸는 주체는 팀의 구성원들이다. 다시 말해서 문화는 전 · 후방에서 활약하는 팀원들 사이의 관계를 통해 존재하는 것이다. 따라서 문화를 성공적으로 개발한다는 것은 과거와 현재를 거쳐 미래에 이르기까지 조직 내에서 같은 메시지를 다른 목소리로 듣는다는 말이다. 그러나 문화가 자연히 발생하리라 기대해서는 안 된다. 문화를 창출하려면 배워서 이를 생활의 일부로 만들어야 한다.

문화에는 연속성이 있다. 즉, 문화는 창출하는 것이 전부가 아니라 영원히 보존해야 하는 것이다. 그래서 조직에 오래 몸담은 사람들은 조직의 가치관이나 메시지를 새내기들에게 전수한다. 대학을 일찍 떠나거나, 4년의 대학 생활을 NBA에 진출하기 위한 경력 기간으로 생각하는 것이 최근 대학 농구계의 추세다. 이는 현실적으로 피할 수는 없는 문제이지만 개별 프로그램과 대학의 농구문화 전반에 큰 영향을 주었다.

문화를 발전시키기 위해서는 '인재등용'이 매우 중요하다. 스태프와 함께 선수를 채용할 때는 운동 능력과 전적 그리고 성적만을 고려하는 것은 아니다. 이와 더불어 부모를 대하는 태도나 친구들과의 관계 또는 지역 사회를 위해서 하고 있는 일까지도 살펴본다.

예를 들어 선수의 집으로 찾아갔을 때 그가 절친한 친구-농구선수가 아니어도 상관없다-와 함께 있는 모습을 보면 기분이 좋다. 이는 어린 시절부터 모든 일을 혼자 감당하지 않으며 기꺼이 친구와 함께 인생을 영위할 뿐만 아니라, 자기만의 세계를 벗어나 좀 더 원대한 조직의 일원이 될 수 있다는 방증이기 때문이다.

> " 문화란 상급선수들이 습득한 가치관을
> 팀의 하급생에게 전수하고,
> 그들의 모범이 되는 것이다. "

많은 연습이 있었던 1986년 시즌에 4학년인 조니 도킨스와 3학년 토미 아메커에게 백코트를 주문했는데, 이들이 세컨드 팀을 완벽하게 장악했던 게 기억난다. 당시 신입생이던 퀸 스나이더(Quin Snyder)가 세컨드 팀에 합류했을 때 그는 깊은 좌절에 빠져 있었다. 조니와 토미는 그를 조용한 곳으로 데려가서 슬럼프를 어떻게 극복했는지 자신의 경험담을 들려주었다. 이는 팀원이자 듀크대 문화의 구성원인 퀸을 키웠던 비결이었다.

그들은 좀 더 분발하고 코칭스태프의 말을 경청한다면 경기가 잘 풀릴 거라고 가르쳤다. 퀸은 다음 시즌에 주장 겸 주전선수가 되었고, 1989년 4강전에서 팀의 승리에 결정적인 역할을 했다. 그는 자신이 습득한 교훈을 1989년 당시에 신입생이었던 크리스천 래트너에게 전수했다.

문화를 가르치는 것은 리더만의 일이 아니다. 가치관을 가르치고, 모범을 보이며 전통을 차세대에게 전수해야 할 책임은 팀원 모두에게 있는 것이다. 크리스천은 이를 그랜트 힐에게 전수했고, 그랜트는 제프 케이플에게, 제프는 다시 트레이전 랭돈에게 전수했다. 그리고 문화는 지금도 계속 전승되고 있다.

자선
Giving Back

경기에서 이기는 것만이 전부는 아니다. 그보다 더 큰 싸움이 있다는 걸 알아야 한다.

나이를 먹고 성공을 만끽하면서 깨달은 게 하나 있다. 성공을 이루어 내는 것이 다른 싸움에서도 긍정적인 효과를 발휘한다면 인생의 깊이도 달라진다는 것이다. 즉, 사람들에게 긍정적인 영향을 끼치고 도움이 필요한 사람들을 돕는다면 그것이야말로 진정한 승리인 것이다.

사람다운 사람이 되려면 과거와 현재의 일을 생각하고, 세상을 떠났을 때 벌어질 일을 기대할 수 있어야 한다.

　나는 지역 사회봉사 일에 참여함으로써 나 자신이 보다 완벽한 사람의 모습으로 성장하고 있음을 느꼈다. 듀크 어린이 병원에 돈을 기부하고, 에밀리 크루지제프스키 센터를 건립할 때야 비로소 내셔널 챔피언십의 우승은 더욱 값진 열매가 되었다. 이와 더불어 센터의 의사나 과학자들이 암 치료법을 발견한다면 승리감은 최고조에 도달할 것이다.

　많은 사람들이 자선단체에 돈을 기부한다. 자선기관이나 재단이 자신의 사명을 추구하려면 자금이 필요하기 때문에 기부는 꼭 필요한 일이다. 그러나 형편이 어려워 물질적으로 기부할 수 없는 사람들도 있다. 그런 의미에서 모든 사람들이 기부할 수 있는 것은 '시간'이 아닌가 싶다.

　시간은 사람이나 단체, 혹은 조직에 당신이 줄 수 있는 가장 값진 것이다. 도움이 절실히 필요한 사람과 함께 시간을 보내고 대의를 위해 돈을 기부한다면 당신은 그들의 명실상부한 이웃이 되며, 대의명분의 진정한 공여자가 된다. 이때 느끼는 감정은 중독성이 강하다. 이는 자신을 벗어 버리고 타인에게 긍정적인 영향을 주었다는 것을 깨달았을 때 느낄 수 있는 독특한 감정이다.

나는 자신이 어디에서 왔는지 항상 되뇐다. 나는 어디에서 왔는가? 명예의 전당에 오른 감독도 처음부터 공인이 된 것은 아니었다. 지금껏 나를 도와준 사람들은 누구인가?

나는 이 자리에 혼자 올랐다고는 생각하지 않는다. 줄곧 나를 도와준 사람들이 있었다. 그런 사람은 누구에게나 필요하다. 그래서 나는 '멘토 프로그램'을 강력히 지원하고 있다. 아이들은 멘토 프로그램을 통해 서로 어울리고, 긍정적인 영향력을 발휘하는 방법을 학습하게 된다. 당신이 아이들에게 영향력을 끼쳤다면 아이들 역시 비슷한 영향력을 주변에 발산할 것이다.

" 자선은 또 다른 자선을 낳는다.
자선은 모두가 해야 마땅한 일이다. "

나는 가족과 자신이 건강하다는 것에 항상 감사하고 있다. 어떤 이들은 건강하지 못해 다른 사람들의 도움을 받아 떨어진 사기를 올린다. 정신 혹은 감정 치료를 받아야 하는 사람이 있는가 하면, 육체의 질병으로 인해 전문의의 치료가 필요한 사람들도 있다.

특히 암은 거의 모든 사람에게 적잖은 영향을 준다. 어머니와 친구 짐 벌바노도 암 때문에 세상을 떠났다. 암 연구를 위해 설립된 지미 벌바노 재단의 이사인 나는 암을 연구하는 의사와 과학자들의 끊임없는 노력, 지미 재단과 같은 후원이 있다면 결국 승리하리라 믿는다. 암 연구를 통해 만난 사람들은 모두 용기가 대단했고, 그들과 쌓은 우정은 나와 가족 모두가 지금도 소중히 간직하고 있다.

인생을 살면서 때로는 자신을 벗어 버리고 사회와 다른 사람들에게 손을 내밀어야 한다고 가르쳐 주는 사람이 필요하다. 삶을 나누는 친구이자 샌안토니오 스퍼스 팀의 부코치인 칼레시모(P. J. Carlesimo)는 종종 내게 이런 '알림이' 역할을 해준다.

그는 전화를 걸어 나를 부를 때 '헤이, 원웨이(One-Way)'라고 한다. 일방적으로 받기만 하지 말라는 뜻이다. 사실 지금까지 많은 것을 받았으니 '편도'로 살아서는 안 된다. 즉, 타인에게 베풀면서 '왕복(Two-Way)'으로 사는 사람이 되자고 늘 다짐해야 한다. 남에게 긍정적인 영향을 끼치기 위해 내가 맛본 성공을 이용한다면 매우 보람 있는 인생이 될 거라 믿는다. 내가 무엇을 주든지 내게 돌아오는 것은 훨씬 더 많았다.

당신이 누구인지, 지금까지 무엇을 성취했든지 상관없이 받은 축복을 이웃과 나눌 방법을 찾지 않는다면 아직 성숙하지 못한 것이다. 경기에서 이기는 것이 승리의 전부는 아니다. 코트에서 이룩한 성공을 대의명분을 위해 사용하는 것이 진정한 승리다.

배움
Learning

내게 있어 사는 것은 곧 배우는 것이다. 배움이 중단되면 곧 죽은 것이나 다름없다.

나는 자칭 '교육자'로서 배움을 중단하지 말아야 한다는 것을 최우선으로 삼고, 이를 항상 되뇌고 있다. 물론 지금까지 살면서 부모님, 아내 그리고 교사와 감독들로부터 많은 것을 배워왔다.

그러나 이런 분들에게서 배운 지식이 전부는 아니다. 교육자는 제자에게서, CEO는 직원들에게서 그리고 부모는 자식에게서 배운다. 배울 때 가장 중요한 것은 '경청'이다. 그래서 나는 상대방의 말에 귀를 기울이는 습관을 들이려고 노력하고 있다.

토미 아메커는 으뜸가는 포인트가드였다. 그는 놀라운 자제력을 겸비했으며 듀크대에 입학하기 전부터 ACC에서 활약할 준비가 된 선수이기도 했다. 특히 디펜시브 엔드(수비 상황)에서는 본능적으로 경기를 풀어 갔다.

그가 1학년일 때 첫 연습 중에 방어자세를 가르친 적이 있었는데 이는 특히 상대방에게 압박을 강하게 할 때 쓰는 방법이었다. 당시 감독 9년차였던 나는 그전부터 손바닥을 위로 한 채 볼을 적절히 가드하는 방법을 배웠다. 그런데 토미는 압박수비를 할 때 손바닥을 아래쪽으로 하고도 멋진 수비를 펼치는 것이 아닌가!

나는 연습을 중단시키고 토미에게 볼을 가드할 땐 손바닥을 위로 하라고 주문했다. 그러자 그가 왜 그래야 하냐고 물었다. 나는 순간 당황했다. 그저 그렇게 하라고만 배웠지 왜 그래야 하는지는 한 번도 생각해 본 적이 없었기 때문이었다. 토미 덕분에 그 까닭을 곰곰이 생각해 보았다.

"글쎄……. 손바닥을 위로 하면 리칭파울을 할 가능성이 적어지기 때문일 거야."

"감독님, 저는 리칭파울은 하지 않습니다."

토미는 손바닥을 내려야 몸의 균형이 더 잘 잡혔다. 그는 드리블하는 상대방을 저지하는 탁월한 기술을 갖고 있었다. 그 덕분에 '올해의 수비수'로 등극했고, 듀크대에서 가장 훌륭한 수비수가 되었다. 다른 선수들이라면 여지없이 리칭파울을 할 만한 상황에서도 그는 본능적으로 이를 피했다. 그러니 토미 자신에게 편한 방법을 금할 까닭이 있겠는가?

결국 내가 가르쳤던 다른 분야도 더욱 면밀히 검증해 보기로 했다. 이 일로 내가 배운 교훈은 탁월한 선수들을 지도하려면 융통성이 있어야 한다는 것이었다. 방법은 한 가지만 있는 게 아니다.

6년이 지난 후에 나는 그랜트 힐이라는 발군의 수비수를 얻게 되었다. 가장 우아한 경기력을 보였던 선수였다고 생각한다. 그는 올아메리카 출신으로, 듀크대에서도 맹활약했으며 '올해의 수비수'로 등극하기도 했다. 대학을 졸업한 뒤 그랜트는 1994년 NBA 드래프트에서 3위로 지명되었다.

그랜트는 또 다른 디나잉(Denying) 기술을 구사함으로써 자신이 가드하는 상대방이 볼을 캐치하지 못하도록 했다. 팔을 최대한 뻗은 채로 수비해야 한다고 늘 가르쳤지만 그랜트는 내 말을 곧이곧대로 듣지 않았다. 내가 왜 그렇게 하냐고 이유를 묻자, 그랜트는 자기 방식이 더 편하다고 했다. 그랜트의 디나잉은 타의 추종을 불허했고, 그는 무슨 일이든 더 편하게 느끼는 방식으로 월등히 소화해 냈다.

1983년에 있었던 토미와의 연습을 통해서는 가르치는 내용이 상황과 관계없이 누구에게나 적용되는 게 아니라는 교훈을 배웠다. 18살의 신입생 포인트가드에게서 말이다.

교사 역시 질문을 통해 제자들과 함께 수업에 참여함으로써 그들에게서 무언가를 배울 수 있다. 감독과 선수, 교사와 제자 그리고 부모와 자녀 사이의 커뮤니케이션이야말로 쌍방이 함께 배울 수 있는 최선의 방법이다.

> " 나는 모든 사람에게서 영원히 배워야겠다는
> 마음가짐을 늘 가슴에 새기고 있다. "

그래서 마음을 열어 배우고자 하는 열의를 갖고, 만나는 모든 사람들의 말을 경청한다.

언제, 누구에게서 귀감이 될 만한 교훈을 얻게 될지는 아무도 모른다.

넥스트 플레이
Next Play

농구코트 안팎에서 나는 항상 '다음 경기'를 생각한다.

이는 지금까지 성취한 일이 무엇이든 바로 지금 부딪치고 있는 일보다 중요하지 않다는 것을 뜻한다.

'다음 경기'라는 나만의 철학이 강조하는 것은 앞으로 직면해야 할 경기나 인생의 순간에 항상 집중해야 한다는 점이다. 지난번 코트에서 실책한 일이나 경기 중 동점을 만들어 낸 3점 숏보다는 앞으로 진행될 일이 중요하다.

과거의 잘못을 안타까워하거나 승리감에 젖어 시간을 낭비

한다면 팀과 당신은 향후 직면해야 할 일에 무방비 상태가 될 수도 있다. 따라서 과거에 안주한다면 지금 당장은 자신의 기량과 집중력을 제대로 발휘할 수가 없다.

나는 농구를 좋아한다. 경기가 신속히 진행되는 탓에 동작이 멈추는 일은 없다. 농구는 재빠른 판단력을 가지고 다음 경기로 신속히 전환할 수 있는 선수들에게 적합한 경기다.

인생도 마찬가지다.

딸들 중 한 명의 성적이 형편없을 때 나와 아내는 이를 걱정하고 뭔가 조치를 취해야 한다는 압박을 받았다. 그러나 지난 학기에 성적을 올리기 위해 노력하지 않았다는 사실을 아이에게 상기시킨다면 아무런 소득이 없다. 과거지사일 뿐이기 때문이다. 그것에 연연한다면 성적은 앞으로도 변함이 없을 것이다.

따라서 다음 숙제나 딸아이가 참여하는 스터디 그리고 다음 학기 시험에 집중하는 것이 더 중요하다. 앞으로의 일은 발전의 기회를 제공하기 때문에, 노력한다면 다음에는 A를 따낼 수 있을 것이다.

> 다음 경기에 함께 집중한다면
> 우리 모두의 기분도 좋아지고
> 그로 인해 문제를 해결할 뿐만 아니라
> 과거에 하지 못한 일이나
> 할 수 있었던 일을 한탄하지도 않을 것이다.

농구 시즌 중 토너먼트 경기가 개최되는 '3월의 광란'은 '다음 경기'라는 철학이 절실히 요구되는 때다. 이때가 되면 팀에 늘 하는 말이 있다.

"좋아, 지금부터 우리는 0 대 0이다."

이는 지금까지 누리고 받았던 승패나 칭찬 혹은 비난, 또는 개인적인 퍼포먼스나 명예가 아무런 의미가 없다는 것을 일컫는다. 우리가 앞으로 가야 할 여정이 중요한 것이다.

2006년 시즌, 애틀랜틱 코스트 컨퍼런스와 NCAA 토너먼트가 개최되기 전에 스태프와 나는 다음 경기에 총력을 기하기 위해 필요한 방법을 찾아야 했다. 우리 팀은 정규시즌에서 27승 3

패를 기록했고 여론조사에서 3위를 차지했으며, ACC 정규시즌
에서는 우승을 거머쥐었다. 뿐만 아니라 레딕과 쉘던 윌리엄스
역시 개인 신기록을 세우며 국내 최고의 선수로서 언론의 관심
을 받고 있었다. 그러나 플로리다주립대, 노스캐롤라이나대와
의 접전에서 연패하는 최악의 2주를 보내기도 했다. 정신이 산
만했다.

나는 일단 라커룸과 체육관에서 벗어나 모임 장소를 친근하
고 마음 편히 만날 수 있는 '색다른' 곳으로 정했다. 우리는 듀
크대의 인근 연회장에서 회식 및 모임을 갖기로 했다. 식사 후
노스캐롤라이나대와의 지난번 경기 테이프를 철저히 분석했다.

나는 흑판을 꺼내어 두 칸으로 나누고 '굿 플레이'와 '배드
플레이'를 구분해 놓았다. 여기에 숨은 의도가 있다면 그것은
팀워크의 현주소를 면밀히 파악하기 위함이다.

테이프를 검토한 후 매니저들은 큰 종이 상자 둘을 꺼냈는
데, 하나에는 '프리시즌 NIT(National Invitational Tournament)', 다
른 하나에는 '정규시즌'이라고 적혀 있었다. 나는 선수들에게
지금 이 순간보다 앞섰던 모든 것을 생각나는 대로 상자에 채우
라고 주문했다. 시즌 초 우리는 NIT 챔피언십에서 우승했던 까

닭에 우승 트로피와 올토너먼트 팀 및 개인 MVP 메달 그리고 비디오테이프를 상자에 담았다. '정규시즌' 상자에도 스카우트 리포트와 정규시즌 테이프를 넣었다. 또한 각 팀원에게 종이 한 장에 당시까지 겪던 좌절감이라든가 개인적인 영광과 성취 등 시즌 중에 자신이 겪었던 모든 기억들을 마음껏 적어 보라고 했다. 그렇게 쓴 종이는 봉투에 넣고 봉한 다음에 본인의 이름을 쓰고 상자에 넣어 두었다.

"좋아, 이 상자를 닫는 순간 우리는 이제 0 대 0이 되었다. 이제껏 우리는 멋진 시즌을 만끽해 왔고 자랑삼을 일도 많았다. 하지만 지금 그것은 아무 쓸모가 없다. 시즌이 종료되면 상자를 열 것이고 봉투도 모두 돌려줄 것이다. 그때 우리가 함께 해낸 모든 일을 기억하자. 그러나 지금은 다음 경기에만 집중해야 할 때다."

결국 우리는 ACC 토너먼트에서 우승했다. 지난 20년 동안 정규시즌과 ACC 토너먼트에서 우승한 팀은 다섯밖에 없다는 것을 감안해 보면 굉장한 공적이 아닐 수 없었다. 그들은 모두 듀크대 팀이었다.

이는 축하할 만했으나 그때는 적절한 시기가 아니었다. 우리는 더햄으로 돌아가서 NCAA 토너먼트 대진표가 공개되자 'ACC 토너먼트'라고 쓰인 또 다른 박스를 가져왔다. 그리고 그 상자를 채우고 봉한 다음 따로 두었다. 그리고 나서 'NCAA 토너먼트'라고 쓰여 있는 마지막 상자를 가져오자, 나는 상자에 담아야 하는 것을 생각해 보라고 선수들에게 주문했다.

다음 날, 서던대학과의 NCAA 토너먼트 경기 준비가 시작되었다. 바로 '다음 경기'가 말이다.

주먹 이론

The Fist Theory

앞에서 살펴본 키워드를 자신의 일부로 만들려면 배움을 중단해서는 안 된다.

40가지 단어들과 일맥상통하고 좀 더 깊은 의미를 담은 말과 일화는 이 밖에도 많을 것이다. 실생활에서 키워드를 발견할 때마다 나는 이를 완벽하게 나의 일부로 만들려고 노력한다.

이 책에서 나는 40가지의 키워드와 그에 대한 구체적인 설명, 그리고 내 삶 속에서 중요하다고 생각하는 일화를 통해 독자 여러분들에게 인생을 새롭게 출발하는 법을 제시했다. 키워드를 하나씩 이해하고 자신의 것으로 만든다면 '스타트'를 훌륭하게 할 수 있을 것이다. 단어가 모여 문장과 단락을 이루고 한 권의 책이 되듯, 키워드에 내재된 개념이 모이면 개인과 팀, 혹은 기업과 가족의 자질이 형성된다.

수년 동안 나는 '주먹'을 비유 삼아 5가지의 키워드가 한데 뭉칠 때 비로소 팀워크가 완성된다고 말해 왔다. 주먹은 곧 하나의 강력한 조직체로 부상하기 위한 키워드의 집합체라 할 수 있다.

다섯 손가락을 힘껏 쥐어 만든 주먹은 손가락을 모두 폈을 때보다 훨씬 강력하다. 농구경기에서 5명의 선수들은 한 사람처럼, 한 주먹처럼 움직여야 한다. 다섯이 모두 개인플레이를 하면 성공할 수 없기 때문이다.

손가락이 하나로 모여 주먹을 만든다는 것은 최강 팀의 근본적인 자질을 상징한다. 특히 우리 팀은 이 책에서 이미 다루었던 5가지 키워드 ― 커뮤니케이션, 신뢰, 공동 책임, 관심, 자부심 ― 를 강조한다. 이것들은 각각이 모두 중요한 자질이지만, 이들이 하나로 뭉친다면 당해 내기 힘든 팀이 될 것이다. 이는 팀, 기업 혹은 가정에서 강조하고 싶은 키워드 다섯을 대표한다고 생각해도 무방하다.

여러분을 하나로 뭉치게 하는 키워드는 무엇인가? 공동의 목표와 팀의 단합을 위한 전략이 있는가? 주먹을 구성하는 여러분 나름대로의 키워드는 무엇인가?

나는 주먹 이론을 가르칠 때 선수 5명이 하나의 목표를 갖고 달리게 한다. 실전경기 전 라커룸에 모일 때 우리는 "잘 막자!" 혹은 "이기자!"라는 말보다는 "뭉치자!"라고 외친다. 그러면 정말 뭉치려고 안간힘을 쓰게 된다.

주먹은 '근성'을 발휘하게 만드는 원동력을 상징하기도 한다. 우리는 하이파이브를 하거나 서로의 등을 두드리지 않고 주먹을 움켜쥔다. 내가 주먹을 보이면 그들도 주먹을 꽉 쥐어 보인다. 그러면 5가지의 키워드가 우리를 뭉치게 하고 최강 팀으로 만든다고 생각한다.

각자의 삶 속에서 중요하게 생각되는 키워드를 소개하고 그와 관련된 일화를 활용함으로써 여러분도 책을 쓸 수 있을 정도가 되어야 한다. 키워드와 일화는 주변에 무수히 널려 있다. 내가 아직 발견하지 못한 키워드를 터득할 수도 있을 것이다.

키워드를 끊임없이 배우고 이해하는 것이 나의 목표다. 인생의 키워드를 알아갈수록 가족과 친구 그리고 팀원에게 베풀 수 있는 역량 또한 늘어갈 것이다.

키워드 창고가 불어나면 양육자나 감독 혹은 리더로서의 자질도 계속 늘어갈 것이다.

"뭉치자!
손가락이 모여 강력한 주먹이 된다."

강력한 팀을 만드는
리더의 40가지 원칙

초판 인쇄   2020년 5월 15일
초판 발행   2020년 5월 20일

지은이   마이크 크루지제프스키, 제이미 스파톨라
옮긴이   유지훈
펴낸이   권윤삼
펴낸곳   도서출판 산수야

등록번호   제 1-1515호
주소   서울시 마포구 월드컵로 165-4
전화   (02)332-9655
팩스   (02)335-0674

ISBN 978-89-8097-498-6   13320
값은 뒤표지에 있습니다. 잘못된 책은 바꾸어 드립니다.

이 도서의 국립중앙도서관 출판시도서목록(CIP)은
서지정보유통지원시스템 홈페이지(http://seoji.nl.go.kr)와
국가자료공동목록시스템(http://www.nl.go.kr/kolisnet)에서
이용하실 수 있습니다.
(CIP 제어번호 : CIP2020014894)